Bernd Stegemann

Wutkultur

Theater der Zeit

Inhalt

Einleitung

Die profane Wut und der heilige Zorn

Wer kennt sie nicht, die alltäglichen kleinen Explosionen der profanen Wut? In der langen Kassenschlange verliert plötzlich jemand die Nerven. Zornig ruft er etwas Richtung Kasse und verlässt schimpfend das Geschäft. Seine Einkäufe bleiben zurück, und ich frage mich, wie wütend er erst zu Hause sein wird, wenn ihm die Lebensmittel fehlen. So beruhige ich mich selbst mit dem eingeübten Mantra, dass die kleine Genugtuung durch die öffentlich zur Schau gestellte Wut ein zu geringer Gewinn ist gegenüber dem Schaden, ohne Einkäufe zurückzulaufen. Schwieriger wird dieses Mantra, wenn noch das Gefühl der Ohnmacht hinzukommt, etwa wenn ich in einer Telefonwarteschleife hänge oder in einem Zug sitze, der sich von Station zu Station immer mehr verspätet. Aber auch hier gilt, wer das Warten nicht erträgt und aussteigt, wird auf Auskunft oder Ankunft verzichten müssen. So durchläuft der durchschnittliche Bewohner der modernen Welt regelmäßig das älteste aller menschlichen Emotionsmuster: Er wird wütend.

Die profane Wut ist die kleine Schwester des heiligen Zorns. Der normale Bürger wird wütend. Helden dagegen ergreift der Zorn. Der Zorn des Achill, der in der „Ilias“ geschildert wird, entzündet sich an der Kränkung durch Odysseus. Und sein Zorn treibt ihn zu den Heldentaten, an deren Ende seine Selbstzerstörung steht. Dass der Zorn zu den edlen Teilen des Seelenlebens gehören soll, geht auf Platon zurück. Er unterscheidet zwischen dem erkennenden Teil, dem begehrenden Teil und eben dem zornigen Teil der Seele. Der Thymos, wie er auf Altgriechisch heißt, ist für das Streben nach Anerkennung verantwortlich. Wer sich in seinem Wert als Mensch verletzt fühlt, in dem erwacht der Thymos. Und wer die Werte seiner Gemeinschaft bedroht sieht, in dem soll der Thymos erwachen, um in ihrem Namen in den Kampf zu ziehen. Schon hier zeigt sich die Doppelgesichtigkeit des Zorns. Er ist eine fundamentale Energiequelle, durch die der Mensch seinen Selbstwert verteidigt. Und genau diese Energie kann die Ursache von Zerstörungen werden, die weit über den eigentlichen Anlass hinausreichen. Im Zorn kann der Mensch nicht nur über sich selbst hinauswachsen, sondern auch blind und maßlos werden. Es braucht den Thymos, um Gefahren vom Menschen und seiner Gemeinschaft abzuwehren, und zugleich muss der Thymos eingehegt werden, damit er nicht den Menschen selbst oder seine Gemeinschaft zerstört. So entstehen seit der Antike immer neue Zornkulturen, die das Feuer des Thymos zugleich anheizen und eindämmen sollen.

Die bis heute prägnanteste Beschreibung für die psychologischen Ursachen des Zorns hat Aristoteles gegeben: Zornig wird, wer Mangel leidet und dessen Mangel man Geringschätzung entgegenbringt.[1] Es wird als kränkend empfunden, wenn das eigene Leiden nicht gesehen wird. Die Ursache des Zorns liegt also in einem Mangel an Anerkennung. Seinen Ausdruck kann er in verschiedenen Varianten finden. In der antiken Heldenerzählung wird der Thymos als eine Öffnung der Seele für das Göttliche begriffen. Der Zornige durchläuft eine Verwandlung, die ihn über ein menschliches Maß hinausführt. Im Zorn des Achill bricht eine Kraft hervor, die je nach Interpretation entweder seine tierische Seite hervortreten lässt oder das spezifisch Übermenschliche bedeutet: Achill, das Vieh, oder Achill, der göttergleiche Held.

Die Verwandlung des zornigen Menschen verläuft seitdem in unterschiedlichen Bahnen. Sie kann bewusst herbeigeführt werden oder sie ist eine Passion, die erlitten wird und gegen die der Mensch machtlos ist. Je nach Tradition wird der Zorn zu einer außermenschlichen Macht, die den Menschen überfällt und in ein blindwütiges Rasen versetzt. Oder der Zorn ist ein Zustand, den es planmäßig herbeizuführen gilt, um die gestörte soziale Ordnung wiederherzustellen. Die Doppelgesichtigkeit des Zorns besteht also darin, dass der Zorn über den Menschen verfügt, weil er das Göttliche oder Tierische in ihm hervorbringt, und der Mensch über den Zorn verfügt, da er diese maßlose Energie absichtlich provozieren kann. So zeigt der Zorn, dass der Mensch einen Zugang zur Transzendenz hat und zugleich nicht hat, weil er bewusst hergestellt werden kann.

In der Aufwallung des Zorns vollzieht sich die Bewegung zwischen der göttlichen und der menschlichen Seite oft als zeitliche Abfolge. Wenn ein bestimmter Punkt überschritten ist, übernimmt der selbst erzeugte Zorn die Herrschaft über den Menschen und kann von ihm nicht mehr beeinflusst werden. Der Mensch hat sich nun durch seinen Zorn selbst verzaubert. Er ist blind vor Zorn. Dieser Umschlag hat in den postmodernen Wutkulturen unserer Zeit eine wichtige

Funktion bekommen. Inmitten der Haltlosigkeit des Relativismus wird die Selbstverzauberung des Wütenden als neues Fundament anerkannt. Aus der kleinen Wut wird der heilige Zorn, aus dem Wütenden in der Kassenschlange wird ein Rebell gegen das verrottete System, und aus der Ohnmacht in der Komplexität der Widersprüche wird der klare Blick des Thymos, der die Welt in Freunde und Feinde scheidet.

Die antike Thymos-Philosophie begründete eine Hierarchie zwischen dem edlen Zorn und der alltäglichen Wut. Der Zorn braucht die großen Fragen der Anerkennung, um zu erwachen, die kleinen Provokationen ignoriert er. Die Wut hingegen steht als permanente Drohung hinter jeder kleinen Verzögerung, die der Alltag in der Moderne bereithält. Etwas funktioniert nicht, der Lebensfluss wird gehemmt, die kostbare Zeit verrinnt, und das gehetzte, nervöse Subjekt wird wütend. Die Wut lauert an jeder Straßenecke, wo das chaotische Leben eine Blockade errichtet hat. Sei es nur die Ampel, die zu früh auf Rot springt, oder sei es der Knopf, der von der Jacke fällt, die endliche Lebenszeit erfährt unentwegt empfindliche Stöße, in denen die Brüchigkeit der Existenz aufscheint.[2]

In der Moderne wird der Wechsel von beschleunigtem Leben und störenden Blockaden zur alltäglichen Erfahrung. Wir leben häufig in der Spannung zwischen einem andauernden Alarm und einer gleichzeitigen Hemmung unseres Lebensflusses. Man muss schnell zur Arbeit, wartet jedoch eine Ewigkeit auf den Zug, die grüne Ampel oder die immer zu langsamen Verkehrsteilnehmer. Alle Hemmnisse werden als Kränkung der eigenen Existenz verstanden, aus der die Wut über die Missachtung der eigenen Bedürfnisse entsteht.

Doch die menschliche Psyche hält noch ein weiteres unendliches Reservoir von Wutanlässen bereit: Wer zusehen muss, wie eine Gruppe gewalttätiger Männer einen wehrlosen Menschen überfällt, wird eine wachsende Wut in sich spüren. Die Wut, die sich einstellt, wenn ein ungerechtes Geschehen beobachtet wird, ist allgegenwärtig und machtvoll. Schon kleine Kinder haben ein feines Sensorium für Ungerechtigkeiten, auf die sie mit Wut reagieren. Die Fähigkeit, fremdes Leid fühlen zu können, gehört zum Fundament des sozialen Wesens „Mensch“. Die Beobachtungswut ist so tief verwurzelt, dass sie sogar dann entsteht, wenn man weiß, dass man nur einem fiktionalen Geschehen beiwohnt. Theater, Roman und Film beziehen einen großen Teil ihrer Faszination aus der Zuschauerwut über ungerechte Handlungen.

Der Zeitgenosse erlebt also eine Inflation von alltäglichen Wutprovokationen und führt sich als Zuschauer noch regelmäßige Dosen von wutstiftenden Ereignissen zu. Der heilige Zorn und die profane Wut gehen dabei oft eine gefährliche Mischung ein, die zum Kennzeichen von Massengesellschaften geworden ist.

Wut, das doppelschneidige Schwert

Jede Wutkultur steht vor der dialektischen Herausforderung, dass die Wut zu den elementaren menschlichen Energien gehört und dass sie zugleich die größte Gefahr für das Miteinander bedeutet. Ohne die Wut wäre kein soziales Leben möglich, zugleich ist sie die Hauptursache für gewalttätige Konflikte. Das nervöse Leben in modernen Gesellschaften verschärft dieses Problem, da die permanente Überforderung aufgrund der Geschwindigkeit und Vielfalt der Lebensvollzüge zu einer viel größeren Reizbarkeit führt. Die Selbstregulierung der Wut, die jeder einzelne Mensch alltäglich leisten muss, gehört zu den größten Herausforderungen unserer Zeit. Zugleich gehört die massenhaft vorgetragene Wut zu den wirkungsvollsten Aufmerksamkeitsquellen, über die eine Gesellschaft verfügt.

Wer diese Wut anzustacheln versteht, erfährt Aufmerksamkeit. Und wer diese Wut zu lenken weiß, bekommt Macht über die Menschen. Wut wird zu einem Wert, der bewirtschaftet wird. Die alltäglichen

Wutereignisse bilden ein unerschöpfliches Reservoir, aus dem sich die strategischen Wutmanager bedienen können. Das antike Wechselspiel des göttlichen Zorns, das zwischen tragischer Zerstörung und gelungener Selbstregierung verläuft, wird in der alltäglichen Wut zu einer inflationären Energie. Die wütenden Massen sind die Naturgewalt der Moderne. Sie anstacheln und in Marsch setzen zu können ist die Macht der populistischen Politik.

Die Überlebensfähigkeit einer Zivilisation hängt davon ab, ob ihre wuthemmende Kultur mit den Anlässen der Wut einen Ausgleich findet. Schränkt sie die Wut zu sehr ein, so ersticken die Menschen an den Zwängen und die gesellschaftliche Entwicklung stagniert. Dieses Schicksal haben die sozialistischen Staaten des Ostblocks erlitten. Die staatlichen Institutionen sind wie ein Kartenhaus in sich zusammengefallen, weil es zu wenige gab, die mit Überzeugung und Leidenschaft für sie eintreten wollten. Auf der anderen Seite des Spektrums stehen die Gesellschaften, in denen es ein Übermaß an wütenden Massen gibt. Hier reicht manchmal eine einzelne individuelle Empörung, um einen allgemeinen Aufstand loszutreten. Die Selbstverbrennung des Markthändlers in Tunesien, der die Schikanen der korrupten Polizei nicht länger ertragen konnte, löste den Arabischen Frühling aus.

Die Balance zu finden zwischen einer gelähmten Gesellschaft und einer Welt in permanentem Aufruhr ist die Aufgabe der Wutkultur. In jeder Epoche ist sie dabei vor gänzlich neue Herausforderungen gestellt. Die Kränkbarkeit des Menschen bleibt gleich, doch die Ursachen seiner Kränkungen und die Mittel, mit denen sie vergrößert oder eingehegt werden können, unterscheiden sich voneinander. Die Moderne hat in den befriedeten Gesellschaften Mitteleuropas und der USA eine komplizierte Variante der Wutkultur erschaffen. Deren Betrachtung lohnt, weil sich die Anzeichen mehren, dass die Balance empfindlich gestört sein könnte.

Die Wut der Täter

Die Wut, die keinen Weg in die Welt findet, vergiftet den Menschen. Aus diesem Gift entsteht das Ressentiment. Das Leben hält für jeden von uns zahlreiche Kränkungen bereit und setzt dem Wollen permanent Widerstände entgegen. Es bietet unzählige Anlässe, wütend zu sein, und ebenso viele Blockaden, warum diese Wut nicht geäußert werden kann. Die Angestellte, die jeden Arbeitstag einen Chef erdulden muss, der seinen Launen freien Lauf lässt, weil er sich so besser fühlt, muss einen Weg finden, diese Übergriffe wegzustecken. Ihre Wut nimmt sie in den allermeisten Fällen mit nach Hause, wo sie dann versuchen muss, nicht sich selbst oder ihre Familie damit zu vergiften. Ihre Rachefantasien, geplanten Kündigungen oder Streitereien sind die Symptome ihrer Selbstvergiftung.

Diese Kränkungen wiederholen sich im gesellschaftlichen Maßstab auf allen Ebenen der Hierarchie. Und in der modernen Konsumgesellschaft bestehen die Kränkungen oft aus dem Vergleich der unterschiedlichen Geldbeutel und des geglückten Lebens. Der andere hat immer das teurere Auto, den tolleren Sex und den besseren Job. Und im globalen Maßstab erscheint das Leben im reichen Norden Milliarden Menschen im globalen Süden als Hoffnung und Kränkung zugleich.

Der Mensch ist das Tier, das sich vergleicht. Und er hat eine Seele, die durch diesen Vergleich unglücklich wird. Schon im Sandkasten erfährt das spielende Kind, dass die Förmchen des anderen Kindes Verlockungen sind, die zu Leid führen. Die schwer zu erlernende Erkenntnis besteht darin, dass die Förmchen der anderen nicht besser sind, weil mit ihnen die schöneren Sandkuchen gebacken werden, sondern dass ihre Verlockung in der abgründigen Disposition der menschlichen Seele liegt. Der Mensch begehrt, was einem anderen Menschen Befriedigung verschafft. Je glücklicher das eine Kind mit seinen Förmchen spielt, desto begehrenswerter wird sein Spielzeug für das andere Kind. Hat es endlich mit viel Geschrei die Förmchen an sich gebracht, so ist der Zauber verflogen. Das Backen ist nicht so freudvoll, wie der Neid es vorgegaukelt hat. Der Streit kennt keine Gewinner, sondern nur Verlierer.

Diese Psychomechanik, die Aneignungsmimesis[3] genannt wird, ist eine Hauptursache für den Neid und den Hass in der Welt. Wer sich frei davon fühlt, versetze sich für einen Moment in die Lage eines einsamen Menschen, der zur Weihnachtszeit in die Fenster der feiernden Familien schaut. Die Traurigkeit, die einen bei dieser Vorstellung befällt, ist die Vorstufe der Wut. Der Einsame wird seine Trauer so lange erdulden, bis er einen Hinweis findet, wer Schuld an seiner Einsamkeit haben könnte. Die Kollegin, die seine Einladung nicht angenommen hat und die er nun mit einem anderen Mann zusammen sieht, wird seinen Selbstwert kränken. Die Kränkung durch die Zurückweisung und die Empörung, dass ein anderer erwählt wurde, verwandeln dann seine Traurigkeit in Wut.

An diesem Beispiel ist zu erkennen, dass das Begehren nicht immer durch das Begehren des anderen gesteigert wird. Denn die Reaktion des Abgewiesenen kann in zwei entgegengesetzte Richtungen führen. Er kann entweder die Frau noch mehr begehren, da sie offensichtlich von einem anderen Mann begehrt wird. Oder er kann sein Begehren in die Wut des Abgewiesenen und Gekränkten verwandeln. Indem er die Bewertungen verdreht, vollzieht er den ersten Schritt in das Ressentiment: Sie war seines Begehrens offensichtlich nicht würdig, weil sie sich nun einem anderen hingibt.

Die Kränkung und die Aneignungsmimesis stehen hier im Konflikt. Welche Seite gewinnt, ist offen. Die Wahl ist jedoch entscheidend für die weiteren Schritte. Wird der Energieschub der Wut dafür genutzt, um überzeugender zu werben und vielleicht doch noch erhört zu werden, oder führt die Kränkung zu der Selbstvergiftung der Seele? Findet das Begehren einen Weg in die Realität oder bleibt es blockiert? Schlägt der Mann aus unserem Beispiel den Weg der Blockade ein, fängt er an, mit missgünstigen Augen auf alle Frauen zu schauen. Sein Begehren wird sich dann in das „Schielen der Seele“ verwandeln, wie Nietzsche den Blick des Ressentiments genannt hat, und damit die Begehrenswerte in ein Objekt des Abscheus verwandeln.

Wenn aus dem Ressentiment eine manifeste Weltanschauung geworden ist, kann der Zurückgewiesene schließlich in einer der vielen Wut-Bewegungen landen, die sich seit einigen Jahren vermehrt in den sozialen Netzwerken bilden. In diesem Fall wäre er ein Kandidat für eine Bewegung, die unter dem englischen Kunstwort „Incel“ weltweiten Zulauf hat. Mit Incel bezeichnen sich die unfreiwillig zölibatär lebenden Männer. In ihrer Bewegung finden sich alle Formen des Ressentiments als Hass auf Frauen. Die Schuld an der sexuellen Einsamkeit wird *den* Frauen zugeschrieben, die durch Feminismus und Emanzipation falsche Ansprüche an *die* Männer entwickelt hätten. Der wütende Blick richtet sich also nicht auf die eigenen Hemmnisse, sondern auf eine Welt, die sich gegen das eigene Begehren verschworen haben soll.[4]

Je tiefer jemand in die Ideologie der Incels eintaucht, desto stärker wird er davon überzeugt sein, dass sein individuelles Schicksal die Folge von größeren Verschwörungen ist. Der Weg zur Anerkennung führt nun nicht mehr über reale Kontakte, sondern über Chatgruppen in sozialen Netzwerken, in denen sich Incel-Männer gegenseitig in ihren Verschwörungsfantasien bestätigen. So baut die Wut des Incel-Mannes immer weiter an seinem Gefängnis und erzeugt dabei genau die Welt ohne Frauen, gegen die er dann rebellieren kann. Die Folgen dieser Radikalisierungen muss dann wiederum die reale Gesellschaft erleiden, etwa dann, wenn ein Incel-Fanatiker Amok läuft und die vermeintlich glücklichen Menschen in Cafés oder Clubs erschießt. Diese Radikalisierung findet sich bei islamischen Fundamentalisten, die ihren Hass auf *den* Westen nähren, mit der gleichen stumpfen Mechanik wie bei Incel-Männern. Die einzelnen Kränkungen werden mit einer Ideologie zu einem geschlossenen Wut-Weltbild zusammengeschweißt. Es ist nicht mehr eine konkrete Frau, die den einzelnen Mann zurückgewiesen hat, sondern es gibt eine Struktur, die zwangsläufig zu der Ablehnung führen muss. Die Ideologie wirkt dahingehend, dass sie individuelle Kränkungen zum Beweis einer systematischen Ungerechtigkeit erklärt.

Die liberale Gesellschaft, in der jeder sein Glück finden soll, ist für diese Radikalen ein Brandbeschleuniger, da sie sich von genau diesem Glücksversprechen betrogen fühlen. Wenn die Gründe des Scheiterns nur noch im Individuum verortet werden, ist diese Selbstverantwortung für manche schwerer zu ertragen als eine äußere Hemmung. Aus diesem Grund sucht sich das Ressentiment einen Feind, den es bekämpfen kann und der zugleich so unkonkret ist wie *die* Frauen oder *der* Westen. So wird die Kränkung, nicht dazuzugehören, zum Ausgangspunkt einer allgemeinen Verschwörung, gegen die nur noch Gewalt helfen kann. Denn ein Glücksversprechen, das durch keine erkennbaren äußeren Hindernisse begrenzt ist, versetzt alle diejenigen in Stress, denen es nicht gelingt, glücklich zu werden, und die es nicht ertragen, selbst daran Schuld zu sein. Wer für sein Unglück keine übergeordnete Regel mehr verantwortlich machen kann, der muss sein Leben ändern, und wenn ihm dieses nicht gelingt, seine Grenzen akzeptieren. Gelingt ihm auch das nicht, locken die Ressentiment-Gemeinschaften, die Entlastung versprechen. Die ideologisch begründete und mit anderen geteilte Wut ist nicht nur besser auszuhalten, sondern sie ermächtigt auch alle Wütenden zu einem Handeln, das ihnen selbst gerechtfertigt erscheint.[5]

Achtung, Verachtung und Anerkennung

Der Mensch ist ein kränkbares Wesen. Es gehört zu den schärfsten Waffen der sozialen Interaktion, jemandem die Achtung zu verweigern. Moral hat in allen Gesellschaften eine zentrale Funktion, denn sie regelt die Zuteilung von Achtung oder die Bestrafung durch Missachtung. In letzter Instanz verurteilt sie zum sozialen Tod durch Ächtung.

Die Regeln, nach denen Achtung oder Missachtung verteilt werden, sind fundamental für das Fortbestehen von Gesellschaften. Darum sind die Kämpfe um die Moral von besonderer Härte, denn sie entscheiden über die Regeln, nach denen Menschen leben und soziale Hierarchien entstehen. Wird die Achtung so verteilt, dass sich viele davon ungerecht behandelt fühlen, droht ebenso der Aufstand wie durch eine Missachtung, die die Falschen trifft. Da die Regeln der Moral weitreichende Konsequenzen für das Zusammenleben haben, ist ihre Organisation besonders anspruchsvoll. Da es nur geringer intellektueller Anstrengung bedarf, um moralisch zu sein, und ein moralisches Auftreten

zugleich Vorteile verspricht, ist der Missbrauch vorprogrammiert. Die philosophische Ethik und die Religionen stellt das vor große Herausforderungen. Denn sie müssen nicht nur den Missbrauch der moralischen Attitüden eindämmen, sondern auch die anspruchsvolle Frage bearbeiten, wann eine moralische Regel gut ist und wann sie schlecht sein kann. Die Unterteilung in die Gesinnungs- und Verantwortungsethik hat diesen Unterschied zur alltäglichen politischen Praxis gemacht. Wer allein auf seine Gesinnung schaut und die negativen Folgen seines moralischen Tuns ignoriert, kann unethisch handeln. Die Geschichte der Ethik ist ein Abbild des fortwährenden Ringens um allgemeingültige Gesetze und auch seines Scheiterns.[6]
Eine Moral, die sich dieser Unsicherheit nicht bewusst ist und sich damit von jeder ethischen Reflexion verabschiedet, wird zum Moralismus. Hier herrscht eine Eindeutigkeit, die zwischen Gut und Böse unterscheidet und dabei nicht bemerkt, wann diese Unterscheidung böse sein kann. Der Moralist verurteilt andere, um selbst als gut zu erscheinen. Seine Anwendung der Moral ist also ethisch schlecht und die Folgen des Moralismus sind für die Ethik des Zusammenlebens negativ. Moralismus reduziert ethische Fragen auf einfache Unterscheidungen in Gut und Böse, die allein dadurch gerechtfertigt sind, dass der Moralist sie trifft. Er verleiht seiner Posi-

tion eine moralische Qualität nur dadurch, dass er rigoros über andere urteilt. Die Selbstverzauberung des Moralismus besteht darin, dass sie denjenigen, der die Welt in Gut und Böse einteilt, als gut erscheinen lässt. Das auftrumpfende Gebaren in den sozialen Netzwerken liefert die tägliche Überdosis Moralismus frei Haus. Und der woke Kapitalismus, der Anti-Rassismus-Seminare macht, aber Gewerkschaften bekämpft, produziert Wütende im Akkord. Dass die Moralisten wenig zur Verbesserung der Welt beitragen, aber sehr viele wütende Reaktionen produzieren, gehört zu den vielen Problemen der Wutkultur unserer Zeit.

Das Gegenteil der Verachtung ist die Achtung. Sie spricht dem Menschen einen Wert zu, der ihm nur durch andere Menschen zugesprochen werden kann. Der Mensch ist nicht nur ein kränkbares Tier, sondern er ist vor allem eines, das andere Menschen braucht, von denen es geachtet wird und die es achten kann. Die Achtung, die man sich selbst entgegenbringt, unterscheidet sich von der Achtung, die einem nur durch andere gewährt werden kann. Im Fall des Lobs ist dieses einsichtig. Wer eine gute Leistung vollbracht hat, kann sich dafür selbst loben. Doch wird dieses Lob ungleich weniger Wirkung haben als ein Lob von einer nahestehenden Person, und dieses wird wiederum weniger

Wirkung haben als das Lob von einer Instanz, die allgemein als Autorität anerkannt ist. Die Anerkennung wächst mit dem Grad ihrer öffentlichen Bedeutung und Sichtbarkeit.

An diese Beobachtung schließen sich zwei entgegengesetzte Konzepte von Anerkennung an. Jean-Jacques Rousseau gilt als prominentester Kritiker der sozialen Anerkennung. Alle Menschen streben nach Anerkennung, doch Rousseau weist zu Recht darauf hin, dass dieses Streben dazu führen kann, dass der Mensch sich von seiner Selbstachtung entfernt. Er wird zu einem Spielball der gerade üblichen Werte und eifert diesen nach, statt seiner inneren Stimme zu folgen. So wird gerade die Anerkennung durch die anderen zur Quelle einer sich selbst verstärkenden Lüge. Je mehr Menschen danach streben, desto mehr korrumpieren sie sich, um sie zu erreichen. Denn auch die Verteilung von Anerkennung unterliegt der Notwendigkeit, anerkannt zu werden. So wird durch die städtische Zivilisation aus dem vormals einfachen Verhältnis zwischen Menschen ein System von wechselseitigen Abhängigkeiten und Lügen. Anerkennung, die zwischen großen Menschenmengen organisiert werden muss, führt für Rousseau zwangsläufig dazu, dass der Einzelne sich verliert und die Regeln der Anerkennung verzerrt werden. Aus dem guten Wunsch nach Anerkennung wird der Dünkel, sich für etwas Besseres zu halten, und die Selbstverleugnung, dafür alles tun zu wollen. Aus der Selbstachtung wird die Selbstliebe und damit die Eitelkeit.

Hegels Konzept der Anerkennung weist in die entgegengesetzte Richtung. Er geht nicht vom einzelnen Menschen aus, sondern beginnt bereits in einer sozialen Situation. Anerkennung kann nur zwischen zwei Menschen entstehen und bekommt nur dort ihren Wert. Um das zu verdeutlichen, imaginiert er eine Situation, in der ein idealtypischer Kampf um Anerkennung ausgetragen wird. Wenn zwei Menschen darum kämpfen, wer wen anerkennen muss, so folgt für Hegel, dass derjenige die Anerkennung bekommt, der den höheren Einsatz zu geben bereit ist. Der höchste Einsatz, den ein Mensch bringen kann, ist das eigene Leben. Daraus folgt, dass derjenige, der seinen Tod riskiert, die Anerkennung desjenigen bekommt, der dieses Opfer nicht bringen will. Aus diesem Kampf um Anerkennung folgt für Hegel die Hierarchie von Herren und Knechten. Der Herr war bereit zu sterben und erringt damit die Macht über denjenigen, der nicht dazu bereit war und der nun als Knecht den Herren anerkennen muss. In Hegels Anerkennungssituation ist der Herr frei von den Fesseln seines Überlebensinstinkts, während der Knecht an seine Todesangst gekettet bleibt und dem Herren dienen muss. Hiermit beginnt die dialektische

Geschichte der Klassenkämpfe. Denn der Knecht erringt durch seinen Zwang zur Arbeit immer mehr Herrschaft über die Natur und über die Bedürfnisse des Herren. Der Herr hingegen bleibt ein Mensch, der von niemandem anerkannt wird, den er selbst anerkennt. Die Anerkennung durch den Knecht hat für ihn keinen Wert und zugleich wird er durch die Arbeit des Knechtes von der Realität entfremdet. Die Herren verstricken sich in immer neue Schaukämpfe um die Ehre, während die Knechte die Welt verändern. Solange die Herrschaft über die Arbeit der Knechte aber von den realitätsfernen Herren ausgeübt wird, so lange läuft die Entwicklung in die falsche Richtung. Die Geschichte zeigt für Hegel, wie dieser doppelt ungleiche Kampf zu immer neuen Konflikten und Krisen führt. Die Krisen werden im Laufe der Geschichte immer bedrohlicher und sie können nur dadurch beendet werden, dass der Widerspruch von Herrschaft und Knechtschaft aufgehoben wird. Am Ende der Geschichte, wie sie dann von Marx erhofft wird, werden die Knechte sich von der Herrschaft befreien und in einer Zukunft leben, die keine Herren und keine Knechte mehr kennt.

Dieses Ende der Geschichte wäre damit auch das Ende der Kämpfe um Anerkennung. Ob ein solches Ende überhaupt mit der Natur des Menschen vereinbar ist, darüber streiten die politischen Konzepte der Gegenwart. Die rousseausche Kritik beschreibt die Eigendynamik einer Gesellschaft, in der sich die Hierarchien vor allem durch Anerkennungskämpfe bilden. Aus der Aufmerksamkeit für die persönliche Besonderheit wird ein eitler Hahnenkampf, wer wem huldigen muss. Die hegelsche Situation liefert die materialistische zweite Hälfte. Jede Hierarchie hat Folgen für die materielle Basis des Lebens und umgekehrt entscheiden die materiellen Lebensbedingungen über die Ankerkennung. Die Akkumulation von Ungleichheiten im einen wie im anderen Bereich kann zu dialektischen Umschwüngen führen, die überraschend und revolutionär sein können. Inwieweit die soziale Anerkennung die materielle Ungleichheit aufheben kann, ist jedoch fraglich.[7] Dass beide Seiten vielfältig miteinander verbunden sind, ist offensichtlich. An welcher Seite politisches Handeln ansetzt, um die Widersprüche aufzuheben, ist ein zentraler Streitpunkt spätmoderner Gesellschaften.

Das eine Lager sieht in der gleichen Verteilung der materiellen Güter die Voraussetzung für eine befriedete Gesellschaft. Das andere Lager bewertet den Drang nach Anerkennung ungleich höher als die materielle Befriedung der Ungleichheit. Das eine Lager will gleiche Chancen und das andere will gleiche Anerkennung. Es ist leicht zu erkennen, dass Anerkennungspolitik den politischen Raum in den entwickelten Industriegesellschaften dominiert. Diese Richtung ist inzwischen so bestimmend geworden, dass sogar die materiellen Verteilungsfragen der Klassenpolitik nur noch als Identitätspolitik begriffen werden, manifest etwa im neuen Begriff des „Klassismus“[8]. Dabei ist der Unterschied zwischen beiden Richtungen weder verschwunden noch nebensächlich.

Klasse versus Identität

„Die beste konzise Definition von Faschismus lautet: die Ausweitung von Identitätspolitik auf den Bereich des Klassenkampfs.“
Slavoj Žižek[9]

Klassenpolitik geht davon aus, dass Menschen sich aufgrund ihrer vergleichbaren materiellen Lebensbedingungen in einer vergleichbaren Lage auf den Märkten befinden. Wer kein Eigentum besitzt, muss sich einen Markt suchen, auf dem er Geld erwirtschaften kann. Die meisten Menschen auf der Welt haben auf diesem Markt nur ihre eigene Arbeitskraft anzubieten. Ihnen steht dort die Klasse derjenigen gegenüber, die Menschen für sich arbeiten lassen wollen. Diese Seite verfügt über ein Eigentum, das durch menschliche Arbeit vermehrt werden kann. Die ungleiche Verteilung von Eigentum ist also der wichtigste Unterschied zwischen Arbeitern und Kapitalisten, und zwar unabhängig davon, ob sich jemand geachtet fühlt oder andere verachtet. Diesen Unterschied zu begreifen ist die grundlegende Bedingung, um Klassen zum Ausgangspunkt von politischem Handeln zu machen.

Identitätspolitik betreibt eine kategorisch andere Art der Gruppenbildung. Hier bestimmt keine objektiv ungleiche Verteilung von Kapital die Gruppe und ihre Interessen, sondern eine Identität. Identitätspolitik stiftet Gemeinschaft und schafft Abgrenzungen zu anderen Identitäten, die dann als benachbart, fremd oder sogar feindlich angesehen werden. Zur Kennzeichnung einer gemeinsamen Identität kann alles Mögliche herangezogen werden. Es kann der gemeinsame Wohnort sein, die Sprache, die Herkunft, die Religion, das Geschlecht, das Alter, die Hautfarbe, der Sportverein oder der Musikgeschmack. Die soziale Eigenschaft des Menschen erlaubt, dass alles zur Basis eines Gemeinschaftsgefühls werden kann. Und da alles zum Identitätskern taugt, kann auch jede Identitätsdifferenz zum Ursprung eines Konflikts werden. Der Mensch ist das einzige Tier, das für ein Stück Fahnenstoff, eine Idee oder einen Gott sterben will, und darum ist die Geschichte eine Kette von Identitätskämpfen.

Die Verwirrung, dass heute Klassenpolitik als Identitätspolitik angesehen wird, rührt daher, dass die Klassenzugehörigkeit ein gemeinsames Bewusstsein über die Interessen voraussetzt. Die Arbeiter, die aus unterschiedlichen Regionen der Welt zusammenkommen und sich als Konkurrenten auf dem Arbeitsmarkt sehen, müssen erst zu einer Klasse für sich werden. Das heißt, sie müssen ein Klassenbewusstsein erlangen, durch das sie erkennen, dass angesichts des großen Konflikts mit dem Kapital die vielen kleinen Differenzen zu vernachlässigen sind. Diese Bewusstwerdung, die aus dem gemeinsamen Kampf für ihre Rechte resultiert, wird dann als eine identitätsstiftende Handlung begriffen, die nach dem Willen der Identitätspolitiker in ihren Bereich fällt. Eine solche Beschreibung will aus dem gemeinsamen Bewusstsein über die gleiche Klassenlage eine gemeinsame Identität machen. Diese Gleichsetzung verkennt aber, absichtlich oder nicht, einen grundlegenden Unterschied.

Die Identitäten sind Folgen einer Einigung. Wer zu einer Religion gehört, kann dieses zum Kern seiner Identität machen, muss es aber nicht. Wer Mann, Frau oder divers ist, kann dieses zum Kern seiner Identität machen, muss es aber nicht. Wer hingegen zur Klasse der Arbeitenden gehört, ist materiell in einer anderen Lage als die Menschen, die ihr Kapital für sich arbeiten lassen. Es steht ihm darum nicht frei, ob er Teil dieser Klasse sein möchte oder nicht, da die Klasse unabhängig von seinem Bewusstsein existiert. Von daher ist es nicht so, dass das Klassenbewusstsein die Identitätspolitik benötigt, sondern es ist umgekehrt so, dass Identitätspolitik den Klassengegensatz für sich reklamieren möchte.

Die Identitätspolitik will die objektive Existenzweise der Klasse auf alle Identitäten übertragen. Und auf den ersten Blick scheint es zumindest bei der Geschlechterzugehörigkeit und der Hautfarbe eine unhintergehbare Objektivität zu geben. Bei der Religionszugehörigkeit, der Herkunft oder dem Musikgeschmack wird diese Behauptung jedoch bereits hinfällig. Doch auch bei Geschlecht und Hautfarbe handelt es sich um eine andere Art der Identität als bei der Klassenzugehörigkeit. Denn die Klassenzugehörigkeit ist keine biologische Tatsache, sondern die Folge einer ökonomischen Gewalt. Sie ist also eine gesellschaftliche Konstruktion, die es zu ändern gilt.

Die Identität von Geschlecht und Hautfarbe ist vorderhand biologisch, soll aber mit Hilfe der Identitätspolitik auch zu einer sozialen Konstruktion gemacht werden. So wird zwischen dem biologischen Geschlecht (Sex) und dem, wie die Gesellschaft Geschlecht (Gender) aufgrund von Traditionen konstruiert, unterschieden.

Und ebenso ist die Hautfarbe angeboren, ihre Bedeutung in der sozialen Bewertung ist jedoch menschengemacht. So weit ist die Dekonstruktion von biologischen Identitätsmerkmalen nachvollziehbar. Paradox wird diese jedoch im zweiten Schritt. Denn nun soll die soziale Konstruktion eine der sozialen Klasse vergleichbare Objektivität bekommen. Die Folge ist eine paradoxe Art der Identitätskonstruktion, die zu den endlosen Debatten über Nutzen und Nachteil der Identitätspolitik in der Gegenwart geführt hat. Die Paradoxie besteht darin, dass ein Mensch biologisch männlich, weiblich oder divers ist, die soziale Konstruktion von männlich, weiblich, divers aber kontingent sein soll. Das heißt, jeder kann sich aussuchen, zu welcher Identität er gehören möchte, und zugleich gibt es einen essentialistischen Anteil der Identität, der nicht frei gewählt werden kann.
Die Behauptung, dass etwas gleichzeitig biologisch und sozial begründet ist, führt darum zu einer paradoxen Kommunikation. Wenn bei Stellenausschreibungen beispielsweise darauf hingewiesen wird, dass Frauen bei gleicher Qualifikation bevorzugt eingestellt werden, könnte sich ein biologischer Mann als Frau bewerben. Wie glaubwürdig das wäre, bliebe dem Entscheidungsspielraum des Personalchefs überlassen. Braucht es einen Rock, einen weiblichen Vor-

namen oder reicht die einfache Behauptung, man sei eine Frau, auch wenn man männlich angezogen ist und einen männlichen Vornamen hat?

Bei der Behauptung, dass Hautfarbe gleichzeitig sozial konstruiert und biologisch determiniert ist, wird das Paradox noch verwirrender. Wer eine Person aufgrund ihrer Hautfarbe bewertet, gilt zu Recht als Rassist. Aber wie lässt sich dann erklären, dass eine Person, die sich als Schwarz fühlt, aber keine dunkle Hautfarbe hat, als Betrüger bestraft wird? Wenn die dunkle Hautfarbe eine notwendige Bedingung für das Schwarzsein ist, dann handelt es sich doch gerade nicht um ein soziales Konzept, wie das großgeschriebene „Schwarz“ markieren soll, sondern um das Adjektiv „schwarz“, mit dem die Farbe bezeichnet wird. Doch gegen diese biologische Bezeichnung verwahrt sich das Konzept „Schwarz“. Daraus würde aber folgen, dass jeder, der sich „Schwarz“ fühlt, sich auch so bezeichnen darf. Doch genau das ist nicht erlaubt.[10]

Die Paradoxie besteht also darin, dass manchmal eine unhintergehbare Existenzbedingung gemeint ist (Pigmentierung der Haut, Y-Chromosom), und manchmal daraus eine soziale Konstruktion wird. Bei der Klassenzugehörigkeit gibt es diese Paradoxie nicht, denn die Klasse ist immer eine Konstruktion, die als sozialer Zwang ihren Mitgliedern nicht die Wahl lässt, ob sie dazugehören möchten oder nicht. Es ist eine Konstruktion, deren Realität weder zu leugnen noch individuell zu verändern ist. Die Identität der Identitätspolitik funktioniert genau andersherum. Sie geht von einem biologischen Identitätsmerkmal aus, das sie dann in eine soziale Konstruktion verwandelt. Von jetzt an sind beide Existenzweisen gleichzeitig gegeben, woraus folgt, dass mal die eine und mal die andere handlungsbestimmend wird. Die Entscheidung darüber liegt jedoch nicht immer in der Macht des einzelnen Menschen, wie das Beispiel der Person zeigt, die sich Schwarz fühlt, aber nicht „Schwarz“ sein darf. So verheddert sich der paradoxe Umgang der Identitätspolitik mit ihren beiden Existenzregimen nicht nur zwangsläufig, sondern sie schafft damit eine neue Art von Herrschaftskommunikation. Denn von nun an gilt, dass derjenige einen argumentativen Vorsprung hat, der darüber entscheiden darf, welche der beiden Behauptungen gültig sein soll.

Eine Frau mit dunkler Hautfarbe kann sich einerseits als „Schwarz“ bezeichnen, um damit in den USA Quotierungen für sich zu nutzen, und andererseits kann sie jede Bezeichnung als „schwarz“ ablehnen, da sie rassistisch ist. Die gleiche Wahl hat hingegen eine Frau mit heller Haut nicht. Begründet wird diese Ungleichheit damit, dass es eine positive Diskriminierung braucht, um die traditionelle Ungleichheit auszugleichen. Überträgt man diese Logik auf die soziale Klasse, so wäre das eine Empfehlung, sich manchmal als Kapitalist und manchmal als Arbeiter zu deklarieren. Dass hiermit niemandem geholfen wäre, ist klar. Dennoch ist dieser Ratschlag längst Realität geworden.

Im Neoliberalismus soll das Klassenbewusstsein dadurch geschwächt werden, dass jedem, der seine Arbeitskraft verkaufen muss, eingeredet wird, dass er doch Arbeiter und Kapitalist in einer Person sei. Der Unternehmer seiner selbst wird zum Rollenvorbild für alle diejenigen, die zu wenig Kapital haben, um andere für sich arbeiten zu lassen. Die Lösung des Klassenkonflikts lautet seitdem, dass jeder seine Arbeitskraft wie ein Kapitalist klug einsetzen soll. Man soll sich weiterbilden, um sein Arbeitskapital wertvoller zu machen. Und man soll sich über das geforderte Maß hinaus einsetzen, um nicht wie ein abhängig Beschäftigter zu arbeiten, sondern wie ein Unternehmer, der sein Unternehmen voranbringen will. Was bei diesem Trick unterschlagen wird, ist die weiterhin unveränderte Aufteilung des so erwirtschafteten Profits. Denn da der Unternehmer seiner selbst kein Eigentum an den Produktionsmitteln besitzt, fließen die Gewinne seiner Mehrarbeit nicht in seine Tasche, sondern in die des Kapitalisten. Der Trick dient also der

Steigerung der Rendite, und er funktioniert dadurch, dass das Klassenbewusstsein durch ein Identitätsbewusstsein ersetzt wird.

Nur in dieser neoliberalen Hinsicht stimmt die Behauptung, dass Klassen- und Identitätspolitik im Kern doch gleich seien. Das ist jedoch die Beschreibung eines neuen Problems. Denn erst in den letzten dreißig Jahren ist die materielle Basis des Klassenbewusstseins durch die Identität der flexiblen, selbstverantwortlichen Arbeitskraft ersetzt worden. Die Zugehörigkeit zur Klasse derjenigen, die ihre Arbeitskraft verkaufen müssen, soll wie eine Chance erscheinen, auf dem Markt für sich selbst möglichst hohe Erträge erzielen zu können. Wer die Rolle der einsatzbereiten, selbstständigen Arbeitskraft am besten verkörpert, hat hier den größten Erfolg. Insofern handelt es sich um eine Identität, die zu einem bestimmten Zweck angenommen wird. Dass nicht alle Menschen dazu bereit sind und sich nicht jeder Beruf dafür eignet, gehört zu den schweren Kollateralschäden des neuen Kapitalismus. Seine psychologische Überzeugungskraft bezieht er aus dem Aufschwung, den alle Identitätsfragen in den Gesellschaften der radikalen Individualisierung erfahren. Insofern muss man feststellen, dass die Anerkennungspolitik des Thymos wieder der stärkere und erfolgreichere Antrieb in spätmodernen Gesellschaften geworden ist.

So erfährt Identitätspolitik in allen weltanschaulichen Richtungen einen stetigen Zulauf. Waren im 19. Jahrhundert die Nation und die Religion die beiden wichtigsten Faktoren, um die eigene Identität gegenüber anderen aufzuwerten, so hat sich in der Spätmoderne die Identitätspolitik auf alle Konfliktlinien ausgeweitet. Die Methode, mit der eine Identität zum Ausgangspunkt politischer Entscheidungen gemacht wird, unterscheidet jedoch weiterhin zwischen linken und rechten Identitätskonzepten. Rechte Identitäten behaupten eine vorpolitische Gemeinschaft, deren Reinheit und Geschlossenheit gegen die Stürme der Modernisierung verteidigt werden müssen. Linke Identitätskonzepte basieren auf der Behauptung, dass Identitäten immer konstruiert sind. Werden die konstruierten Identitäten dann zum Ursprung von politischen Handlungen gemacht, so wird die Kontingenz vergessen und die Konstruktion soll doch eine „eigentliche“ oder „natürliche“ Basis haben. Im Wechsel zwischen Kontingenz und Eigentlichkeit schwanken die linken Identitätskonzepte und verstricken sich dabei in die oben beschriebenen Paradoxien. Die politische Methode wird dadurch jedoch nicht gelähmt, sondern zu einer der Spätmoderne angemessenen Machttechnik entfaltet. Sie ist anspruchsvoll in der Handhabung und durchsetzungsstark gegenüber anderen Akteuren.

Rechte Identitätspolitik

Rechte Identitätspolitik ist einfacher gebaut als linke Identitätspolitik. Das verschafft ihr jedoch keine Vorteile bei der Durchsetzung der eigenen Identitätsinteressen. Das Problem, das die Denker einer rechten Identitätspolitik haben, ist ein doppeltes. Es ist nicht nur so, dass die Identitäten von nationaler und völkischer Zugehörigkeit aus der Mode gekommen sind, auch die naive Annahme, dass es ursprüngliche Lebensformen gibt, die nicht von historischen Entwicklungen hervorgebracht worden sind, überzeugt in der Moderne nicht mehr. Die geringere Komplexität rechter Identitätsbehauptungen bedeutet im politischen Diskurs einen Nachteil.

Dabei stand am Anfang des Aufschwungs von rechter Identitätspolitik eine Ermüdung der offenen und liberalen Gesellschaften. Der Furor der Emanzipation und der Individualisierung hat sich seit einigen Jahrzehnten verlangsamt. Die Kosten einer atomisierten Gesellschaft sind inzwischen für jeden so hoch, dass die Sehnsucht nach einem Zusammenhalt den Freiheitsdrang des Individualismus eindämmt. Aus diesem Grund bekommen die nostalgischen Entwürfe rechter Identitätspolitik Zulauf. Doch die Gemeinschaft, die vor jeder Konstruktion existiert, lässt sich nicht einfach neu erfinden. Hier liegt die Differenz zur linken Identitätspolitik. Zwar besteht der gemeinsame Nenner dieser beiden verfeindeten Lager darin, dass die Identifikation mit einer Opfergruppe große Energien freisetzt und Vorteile im Kampf um Anerkennung verspricht. Doch die Konstruktion der rechten Opferidentität unterscheidet sich grundlegend von der der linken.

Die rechte Identitätspolitik steht in Deutschland vor dem historischen Totalschaden der nationalen Identität durch den Nationalsozialismus. Jeder Versuch, ein deutsches Volk durch Ansprache zu erzeugen, stößt auf Skepsis, wenn nicht sogar Ablehnung. Die deutsche Gesellschaft ist damit von einem Extrem ins andere gefallen. Nach den Exzessen des Hypernationalismus, der das Volk als eigene Rasse stilisierte und sie über alle anderen Nationen herrschen lassen wollte, hat die Nachkriegsgesellschaft im Osten wie im Westen den langen Weg beschritten, ein postnationaler Staat zu werden. Der Stolz auf die eigene Herkunft wich der Scham über die Taten der jüngeren Vergangenheit. In Ostdeutschland sollte die Identifikation mit der neuen sozialistischen Gesellschaft erfolgen und in Westdeutschland mit den Werten des Liberalismus und den Freuden des Konsumkapitalismus. Die unterschiedliche Geschichte der Nationalentgiftung hat 1989 zum Sieg des westlichen Modells geführt.

Doch die Verbindung von Freiheiten und Kapitalismus bekommt immer mehr Risse. Seitdem das Aufstiegsversprechen der sozialen Marktwirtschaft nicht mehr gilt, wächst der Zweifel am westlichen Weg. Je mehr der Liberalismus die Freiheit seiner Bürger in die Ausgesetztheit von verschuldeten Subjekten, in Arbeitskräfte in prekären Verhältnissen und überdrehte Konsumenten verwandelt hat, desto mehr bestätigt sich der Verdacht, dass diese Identifikationsangebote vergiftet sind. Wer Freiheit predigt und damit konkret meint, dass jeder alleingelassen wird und für sich selbst sorgen muss, der macht aus der liberalen Freiheit eine Drohung. Jeder soll dauerhaft geprüft werden, welchen Wert er auf dem Markt hat, und niemand soll sich mehr sicher sein, dass er so weiterleben darf, wie er es gewohnt ist. Die permanente Revolution des Neoliberalismus besteht darin, dass sich alle immer mehr anstrengen müssen, damit sie den Status quo erhalten können. Der Wachstumszwang der Wirtschaft wird auf jede Arbeitskraft ausgeweitet. Die permanente Überforderung und Verunsicherung ist notwendige Folge und erwünschtes Mittel, um die Steigerungslogik durchzusetzen.

Das Gegenmittel rechter Identitätspolitik besteht darin, das Gefühl der Volkszugehörigkeit reaktivieren zu wollen. Da in Deutschland das postnationale Gefühl, eine Nation zu sein, die keine Nation sein will, so bestimmend ist, muss die Reanimation einige Umwege beschreiten. Eine direkte Ansprache des Völkischen würde mehr Ablehnung als Begeisterung hervorrufen. So versucht rechte Identitätspolitik, an dem wachsenden Unmut über die zerfallenden Bindungen und der Angst vor dem sozialen Abstieg anzuschließen. Der Unmut soll zu einer konkreten Wut werden, die sich gegen die liberalen Werte richtet und für eine Rückeroberung des Nationalen kämpft. So erklärt sich der Rückgriff auf den antiken Thymos-Begriff, der von rechten Vordenkern wie Marc Jongen oder Götz Kubitschek betrieben wird.

Ihr erklärtes Ziel ist es, den Thymos-Pegel in der Gesellschaft zu erhöhen. Ihre Diagnose lautet, dass die Deutschen durch die Umerziehung nach dem Zweiten Weltkrieg zu rückgratlosen Untertanen eines global agierenden Kapitalismus geworden seien. Es mangele den Deutschen seitdem an thymotischer Kraft, um ihr Schicksal noch in die eigenen Hände nehmen zu können, und damit gerieten sie immer weiter in die Abhängigkeit von fremden Mächten. So folgsam, wie sie einst Hitler hinterhergelaufen seien, so unterwürfig verhielten sie sich jetzt gegenüber den Direktiven der Brüsseler Bürokratie oder des US-Kapitalismus. Als Rezept gegen diese Sklavenmoral empfehlen die rechten Strategen eine Steigerung der thymotischen Energien. „,Thymotische Unterversorgung‘ als philosophisches Erklärungsmuster hinter der Entmännlichung unseres Volkes bei gleichzeitiger Forderung nach einem überlebensnotwendigen Wechsel in diese Tonlage des Zorns: Das ist ein unserer Lage angemessener Ansatz.“[11]

Der Wutbürger als revolutionärer Akteur ist ein dialektischer Coup, der in jeder Hinsicht das Gegenteil der bisherigen revolutionären Kräfte der Weltgeschichte bedeutet. Sein Ziel ist nicht die Umstürzung aller Verhältnisse, sondern die Bewahrung des Erreichten, in dem der Bürger bisher sein Auskommen gefunden hat. Die nostalgische Sehnsucht nach einem Kapitalismus, in dem man gut leben kann, paart sich mit der reaktionären Sehnsucht nach einer Nation, in der man ein stolzes Mitglied ist. Die Zumutungen der Globalisierung, die als Heuschreckenkapitalismus den Arbeitsplatz gefährdet und durch Migrationsströme die Heimat verändert, sollen an der Verteidigungslinie der nationalen Selbstbestimmung abgewehrt werden. Um dieses Bollwerk zu errichten, braucht es aber genügend Wutbürger, die bereit sind, für ihre Interessen zu kämpfen. Doch hier liegt die überraschende Dialektik der rechten Thymos-Politik. Sollte die Zahl der Wutbürger eine kritische Masse erreichen und tatsächlich zu einer systemgefährdenden Kraft anwachsen, so gerät der wütende Bürger in eine widersprüchliche Situation. Denn wer etwas bewahren will, scheut die gewaltsame Veränderung. Es soll ja nichts kaputtgehen, sondern wieder so werden, wie man es als gut erinnert. Der Wutbürger in Masse wird sich selbst zum Feind.

An diesem Selbstwiderspruch zeigt sich die Folge einer fehlenden Unterscheidung zwischen rechter und konservativer Politik. Konservative Politik ist um die maximale Eindämmung der Wut bemüht, da sie Entwicklungen nicht sprunghaft, sondern bedächtig gestalten will. Rechte Politik braucht die Wut, da sie Bestehendes umstürzen will. Indem beide Lager in der AfD aufeinandertreffen, stehen sich zwei unvereinbare Konzepte von Wutkultur – der bürgerlich-konservative Meuthen-Flügel und der rechtsnationale Höcke-Flügel – gegenüber. Der Bürger braucht Wut, um sich der AfD anzuschließen, doch muss er seine Wut im Zaum halten, um die AfD nicht so weit zu radikalisieren, dass sie das Los der bisherigen rechtsradikalen Splitterparteien teilt. Sie darf nicht zum Beobachtungsfall des Verfassungsschutzes werden. Der Thymos-Pegel muss also ständig reguliert werden. Doch Wut ist kein Gefühl, das sich willkürlich an- und abschalten lässt, weswegen seine Regulierung die größte Herausforderung für politische Systeme darstellt. Denn die besondere Qualität der Wut besteht gerade darin, dass sie sich über Grenzen und Regeln hinwegsetzt. Ein Flächenbrand der Wut lässt sich nicht mehr einfach auslöschen, da er sich selbst neuen Brennstoff zuführt. Einmal in Wut versetzt, können der Neubau eines Bahnhofs, die Flüchtlingskrise oder eine Maskenpflicht zu unversöhnlichen Protesten führen.

Insofern lesen sich die Texte von und über Marc Jongen aus den Anfangsjahren der AfD wie das Zündeln eines Teenagers, der seine Grenzen auslotet und nicht weiß, an welch einem Pulverfass er hantiert. So wie der Heranwachsende seine Provokationen als Austesten einer Autorität versteht und darauf vertraut, dass die Eltern schon das Schlimmste verhindern werden, klingen seine Forderungen nach Thymos-Steigerung pubertär. Sie kommen aus der behüteten Existenz eines Hochschulassistenten, der im Schatten seines Meisters Peter Sloterdijk noch keinen eigenen Gedanken zu Papier gebracht hat. Die Radikalisierung erfolgt, ähnlich wie bei den Incel-Männern oder den isolierten Videospielern, nicht durch ein Leben in der Welt, sondern durch den Blick des Einsamen, der den anderen beim Leben zuschaut. Eine solche Radikalisierung hat ihren Ursprung in einer abstrakten Wut. Sie entzündet sich an gelesener Empörung und nährt sich durch das Gefühl der Ohnmacht des Einzelgängers. Den letzten Überschlag zur Gewalt bekommt sie schließlich durch die mangelnde Erfahrung mit realer Gewalt.

Wer nie erlebt hat, dass seine Provokationen mit einem Fausthieb beantwortet werden können, dessen Gewaltfantasien steigern sich ins abstrakt Gigantische. Da sie aus der Trennung von der Realität entstehen und in der Abgeschiedenheit ausgemalt werden, sind ihnen keine Grenzen gesetzt. So liegt ein Ursprung der reaktionären Wut heute in der Isolation der Existenz, und ihre Radikalisierung erfolgt, weil sie keinen Kontakt zur Realität mehr kennt. Rechte Wut steht am Rand des Spielfelds. Ihr Brüllen weiß alles besser, weil sie selbst nichts verantworten muss.

Damit unterscheidet sich die neu-reaktionäre Wut nicht nur von der linken Wut, sondern vor allem von der Wut vergangener Epochen. Das große Vorbild der neuen Rechten, Ernst Jünger, verkörpert diesen Unterschied. Dessen „Stahlgewitter“ sind keine literarische Fantasie, sondern die Ästhetisierung der eigenen existenzbedrohenden Erfahrung des Schützengrabens. Der Schützengraben in der Studierstube ist hingegen eine onanistische Fantasie, mit der sich derjenige, der jedem Erlebnis in der Welt ausgewichen ist, einen Anschein von existenzieller Gefahr herbeifabulieren will.

So erklärt sich, warum die Predigt von der anzufachenden Wut notwendig zu einer Bewegung führen muss, die ihre Urheber total überfordert. Erst tritt der Parteigründer Bernd Lucke aus der AfD aus, dann folgt ihm

Frauke Petry und jetzt spitzt sich der Kampf zwischen dem Meuthen-Lager und den Wutbürgern zu. Diejenigen, die fleißig dabei sind, Wut anzufachen, haben keine Kultur, um den Flächenbrand einzuhegen, und sie haben keine revolutionäre Fantasie, was mit der Wut gegen das System konkret gemeint sein könnte.

Postnationale Wut

Die Wutkultur der AfD ist exemplarisch für den Zustand der Gesellschaft. Es gibt ein großes Reservoir an Wut, doch es mangelt an einer Kultur, die damit umgehen kann, und es fehlen die konkreten Schritte, was mit der Wut ausgerichtet werden soll. Es handelt sich um eine heimatlose Wut, die jeder Einzelne mit sich herumträgt und die keinen Anschluss an die Zusammenhänge findet. So hat die Wut in der Spätmoderne genau das Schicksal ereilt, das dem Ressentiment im 19. Jahrhundert attestiert wurde. Aus dem berechtigten Aufbegehren wird eine selbstzerstörerische Kraft. Weil die Empörung über die Ungerechtigkeit keinen Hebel findet, um die Welt besser zu machen, wandert sie zurück in die Seele des Empörten. Die Selbstvergiftung an der eigenen Empörung wird zum Ressentiment.

Die heimatlose Wut sucht sich immer neue Anker, an denen sie sich festmachen kann. So finden Verschwörungstheorien massenhaft Anhänger und eine Protestwelle folgt auf die nächste. Jede dieser Bewegungen zeigt, dass der Studierstuben-Thymos leicht anzufachen ist. Es mangelt nicht an Wut in der Welt. Woran es aber mangelt, ist eine Kultur, die aus dieser Wut eine gesellschaftliche Bewegung formt, die man als fortschrittlich bezeichnen könnte. Das Problem der Thymos-Politik der AfD ist also nicht nur ihr rückwärtsgewandtes Bild einer Gesellschaft, sondern vor allem ihre mangelnde politische Intelligenz, die entfachte Wut für allgemeine Ziele einsetzen zu können. Die Wut des Wutbürgers bleibt genau wie die Thymos-Politik der AfD-Intellektuellen eine einsame und irrlichternde Kraft, die im besten Falle folgenlos verpufft und im schlimmsten Falle als energetische Sabotage die Funktionen einer komplexen Gesellschaft lahmlegt. Der wütende Betrunkene, der einen Notarztwagen behindert, der aggressive Autofahrer, der die Rettungsgasse für sein Drängeln missbraucht, und der wütende Bürger, der überall Verschwörungen wittert, sie alle eint, dass ihre Wut keine Verbindung mehr zur Realität hat. Aus abstrakter Wut wird eine Gefahr in den konkreten Notlagen.

Da der reaktionären Wut der Rückweg zu einer national gefassten Heimat verschlossen ist, irrt sie nun genau wie all die anderen heimatlosen Spätkapitalisten umher. Der Unterschied zu den Überlebenskämpfen der anderen besteht aber darin, dass die Wutbürger aus ihrem Herzen keine Mördergrube mehr machen wollen. Das hätte der Anfang eines größeren Aufstands sein können. Er ist aber aus den beschriebenen Gründen in die Sackgasse des Ressentiments geraten. Denn eine Wut, die nicht im Ressentiment endet, sondern einen Veränderungswillen hervorbringt, kann die rechte Identitätspolitik nicht erschließen.

Die Nation und das Volk sind in der postnationalen Identität der Nachkriegs-Deutschen zu einem negativen Bezugspunkt geworden. Niemand will seine Handlungen damit erklären, dass es sich für einen Deutschen so gehöre, und kaum jemand möchte sich als Teil einer Volksgemeinschaft empfinden oder so angesprochen werden. Die kläglichen Versuche, eine deutsche Leitkultur zu erklären, zeigen, wie wenig positive Resonanz dafür geweckt werden kann. Es braucht nicht einmal die philosophische Befragung, was denn mit dem „Deutschsein“ genau gemeint sein soll, um den Begriff in der Bedeutungslosigkeit verschwinden zu lassen. Die deutsche Leitkultur besteht darin, keine Leitkultur sein zu wollen. Am deutschen Wesen soll die Welt nicht mehr genesen müssen.

Doch an dieser Stelle ereignet sich seit der Finanzkrise von 2008 eine weitere Verdrehung von einst fortschrittlichen Ideen, die dadurch wieder anschlussfähig für rechtes Denken werden. Der Anspruch, dass es keinen deutschen Sonderweg mehr geben soll, führt zur Neuauflage eines deutschen Sonderweges. Wie jede historische Entwicklung bleibt auch der postnationale Anspruch nicht selbstgenügsam, sondern findet zu einer neuen Wesensbestimmung. Das bescheidene Ethos einer postnationalen Nation wird inzwischen stolz verkündet und zum strahlenden Vorbild für alle europäischen Nachbarn erklärt. Vor allem die postsozialistischen Gesellschaften des ehemaligen Ostblocks sollen sich an diesem deutschen Sonderweg ein Beispiel nehmen.[12] Der Hochmut, mit dem die deutsche Öffentlichkeit auf die osteuropäischen Bemühungen um nationale Selbstständigkeit schaut, ist der eigentliche Ausdruck der deutschen Leitkultur. Man ist stolz darauf, dass man keine nationale Identität mehr hat, und man wacht argwöhnisch darüber, dass auch keine andere Nation danach streben soll.

Der blinde Fleck dieser neuen Identität liegt an genau der Stelle, wo der blinde Fleck jeder nationalen Identität liegt. Der blinde Fleck ermöglicht der Identität, dass sie für sich selbst als absolut gültig erscheinen kann. Sie ist keine zufällige Meinung oder historisch entstandene Überzeugung, sondern eine Wahrheit, die absolut gilt. Insofern erscheint die postnationale Identität den spätmodernen Deutschen als wahrer Ausdruck von nationaler

Identität. Der alte blinde Fleck einer völkisch, rassisch oder durch das Blut begründeten Einheit wird scheinbar überwunden, und an seine Stelle tritt der neue blinde Fleck, keine Identität mehr zu haben und diese Nicht-Identität zum Vorbild für alle anderen zu erklären.

Wie robust dieses neue Nationalgefühl ist, zeigt sich nicht nur im schroffen Auftreten Deutschlands gegenüber den europäischen Nachbarn, sondern vor allem darin, dass jede Aufklärung über diesen neuen blinden Fleck vehement abgelehnt wird. Wer den postnationalen Zustand kritisiert, gilt für die Verteidiger des neuen Status quo automatisch als Feind. Politisch folgenreich an dieser Kritikabwehr ist, dass sie keinen Unterschied zwischen einer völkisch rückwärtsgewandten und einer aufklärerischen Kritik erkennen will. Der Stolz auf die postnationale Identität ist so groß, dass jeder Einwand auf Unverständnis trifft. Der postnationale Nationalismus ist damit in der gleichen Selbstverblendung gefangen wie seine unseligen Vorläufer im 19. Jahrhundert.[13]

Die neue deutsche Identität ist also gegen den rückwärtsgewandten völkischen Grund doppelt gewappnet. Sie lehnt ihn als mühsam überwundene blutige Vergangenheit ab, und sie verfügt über ein eingespieltes Instrumentarium, Kritik dadurch ins Leere laufen zu lassen, dass sie sich selbst als Nichtidentität ausgibt. Jeder Versuch, die postnationale Identität zurückzuverwandeln, stößt damit sowohl auf achselzuckendes Unverständnis wie auf eloquente Abwehr. Der Versuch, Reste von nationalem Identitätsbewusstsein durch Thymos-Politik zu aktivieren, führt darum zwangsläufig zur weiteren Vereinzelung der Wütenden.

Dabei haben das Hakenkreuz des Neonazis und der Aufschrei des Wutbürgers weder ein gemeinsames Fundament noch ein gemeinsames Ziel. Es sind nur noch Zeichen der Orientierungslosigkeit, die sich im Akt einer performativen Selbstempörung eine andere Welt herbeiwünschen. Dass sie diese andere Welt nicht kennen und aller Wahrscheinlichkeit nach auch nicht erleben wollen, ist ihnen ebenso wenig bewusst wie die Sackgasse, in die sie sich dadurch begeben. Der Neonazi würde erschrocken davonlaufen, wenn er mit der Wehrmacht nach Moskau marschieren müsste, und der Wutbürger hätte schlaflose Nächte, wenn jede politische Meinung anfinge, ihre Parolen ebenso wütend herauszubrüllen, wie er es gerade für angeraten hält. Die Sehnsucht nach einer deutschen Gemeinschaft arbeitet in der Realität an der weiteren Zersplitterung der Gesellschaft. Mit etwas historischem Bewusstsein könnte man das begreifen. Denn die nationale Identität meint eben nicht zu allen Zeiten das Gleiche und die Wege zu einer Identität verlaufen unterschiedlich.

Die Wut der Opfer

Rechte und linke Identitätspolitik sind in ihrer Wutbehauptung gleich. Die Rechten füttern ihre Wut, indem sie sich als Opfer einer globalen Elite, feministischer Frauen oder islamischer junger Männer beschreiben, die ihre nationale Gemeinschaft zerstören und fremden Mächten ausliefern wollen. Als Ausweg empfehlen sie die Erhöhung des Zornpegels, um von der Opfer- auf die Täterseite zu wechseln. Die linken Identitätspolitiker sehen sich auch als Opfer, doch ist ihr weiterer Umgang damit ungleich komplizierter. Der Opferstatus ist hier Anfang und Ende zugleich: Kern linker Wutpolitik ist die Erhöhung des Opferstatus zu einer mächtigen Position. Dieser neue Machtanspruch der Opfer führt zu den vielfältigen Problemen linker Wutkollektive.

Linke Identitätspolitik ist ein Kind der postmodernen Theorien. In diesen wurde das erste Mal jede Art von Gemeinschaft radikal in Frage gestellt. Nicht nur Nationen wurde eine eigentliche oder überhistorische Natur abgesprochen, sondern auch das Geschlecht oder die Hautfarbe sollten nicht mehr biologische, sondern kulturelle Kategorien sein. Man wird als Mensch geboren und von der Gesellschaft zur Frau oder zum Mann gemacht. Man wird als Mensch geboren und zum Deutschen oder Chinesen gemacht. Es ist unstrittig, dass der Mensch von Natur aus künstlich ist. Wer als Kind deutscher Eltern in Japan geboren wird und dort sein ganzes Leben verbringt, wird sicherlich dort sozialisiert werden. Dass er auch asiatisch aussieht, ist jedoch unwahrscheinlich.
Die linke Identitätspolitik versucht, aus der Doppelnatur des Menschen mal die eine und mal die andere Seite für ihre Interessen einzusetzen. Man wird zur Frau gemacht, doch wenn es beispielsweise um Quotierungen geht, dann kann sich nicht jeder als Frau bewerben. Das Frausein ist eine Folge gesellschaftlicher Normen, doch wenn die Norm der Quote gilt, gibt es eine biologische Existenz des Frauseins, die nicht willkürlich zu verändern ist. Wer sein Geschlecht auf dieser Ebene ändern will, braucht viel Mut und den langen Atem operativer und medikamentöser Eingriffe.

Die Doppelgesichtigkeit einer solchen Identitätspolitik ist jedoch kein Problem, sondern sie stellt einen kategorischen Vorteil gegenüber rechter Identitätspolitik dar. Diese jagt einer nostalgischen Identität nach, die als Konstruktion schon lange durchschaut und abgelehnt wird, und versucht dennoch hinter den Zustand der Enttarnung zurückzukommen. Die linke Identitätspolitik geht gleich davon aus, dass alle Identitäten konstruiert sind. Doch zugleich hat sie eine Methode entwickelt, mittels derer die Konstruiertheit nicht zu einer willkürlichen Verteilung von Zugehörigkeiten führt, sondern im Gegenteil die Möglichkeit bietet, dass bestimmte Identitäten darüber entscheiden, wer dazugehört und wer nicht. Es handelt sich damit um eine Form von spätmoderner Machtpolitik auf Grundlage von Identitätskonstruktionen.

Der politische Umgang mit Identitäten, die mal essentialistisch und mal konstruiert sein sollen, erfordert theoretischen Aufwand. Damit reagiert linke Identitätspolitik auf die Zersplitterung der spätmodernen Gesellschaften, die die rechte Identitätspolitik bekämpft, und macht sie sich zunutze. Während diese zurück zu einem Zustand will, in dem es unhintergehbare Identitätszugehörigkeiten gab, ist die neue Identitätspolitik mit dem Chaos der Identitäten vertraut und vergrößert es sogar noch. Damit arbeitet sie an der gleichen gesellschaftlichen Atomisierung wie die neoliberale Ideologie und die postmodernen Theorien.

Die materielle Ursache der Zersplitterung liegt im Neoliberalismus, wie er seit Ende der 1970er Jahre ausgehend von England und den USA seinen Siegeszug angetreten hat. In der vorherigen sozialdemokratischen Phase des Kapitalismus standen sich die Blöcke der Gewerkschaften und des Kapitals gegenüber. Mit der neoliberalen Ideologie wurden die Organisationen der Arbeitenden auf verschiedenen Ebenen angegriffen. Vor allem die postmoderne Erzählung, dass es keine verbindenden Erzählungen mehr geben könne, konnte hier ihre destruktive Wirkung entfalten. Die individuellen Interessen wurden gestärkt und das frei konsumierende Subjekt wird seitdem zum allgemeinen Rollenmodell.

Die Kehrseite des flexiblen Menschen ist eine neue Abhängigkeit in Gestalt des verschuldeten Konsumenten und der vereinzelten Arbeitskraft. Die Stärkung des Ichs durch Statuskonsum und das Gefühl der freien Entscheidungen wurde mit der Zerschlagung der Solidarität bezahlt. Je weiter sich die Gesellschaften in diese Richtung entwickelten, desto uncooler wurde jede Art von organisierter Arbeitervertretung und desto verlockender erschienen die Träume der Selbstverwirklichung. In der bisher letzten Wendung nutzt der Neoliberalismus diese Sehnsucht und propagiert das flexible Subjekt. Alle Fragen nach Sicherheit und Planung werden als kleinbürgerliche Ängste abgetan. Wer auf der Höhe der Zeit sein will, stellt sich den täglich neuen Herausforderungen und bejaht sie aus ganzem Herzen. Die Parole lautet seitdem: Sei ganz du selbst, und zwar immer genau so, wie es der Markt von dir verlangt.

So vereinigt der flexible Mensch genau die zwei Seiten, die die neue Identitätspolitik auszeichnen. Es gibt einen strategischen Umgang mit der eigenen Existenz, die aber so wirkt, als sei sie das authentische Ich. Der Unternehmer seiner selbst ist geboren. Man ist zwar nur abhängig beschäftigte Arbeitskraft, soll seine Energie aber so einsetzen, als ginge es nicht um eine entfremdete Arbeit, sondern um das eigene Interesse. Was in künstlerischen Berufen seit jeher normal war, wird dadurch auf Bereiche ausgeweitet, in denen ein solches Verständnis von Arbeit nur mit Zwang hergestellt werden kann. Wer Brötchen verkauft oder Akten bearbeitet, tut dieses in den seltensten Fällen aus tiefer Überzeugung, sondern weil es ein Beruf ist. Dass dieser nun so ausgeübt werden muss, als handle es sich um eine Überzeugungstat, übt einen diffusen Druck auf den Beschäftigten aus. Auf der positiven Seite führt das manchmal dazu, dass die Arbeit sich weniger entfremdet anfühlt. Auf der ungleich größeren negativen Seite erzwingt dieser Anschein von Selbstverwirklichung einen Einsatz, der nicht durch die Bezahlung abgegolten wird. Auch hier gilt wieder die alte marxistische Einsicht, dass der Mehrwert in die Taschen des Kapitalisten fließt. Jeder, der in einem flotten Startup mit bunten Sitzbällen und veganer Kantine seinem Traumjob nachgeht, kann in wenigen Jahren sehen, wie viel Geld sich auf dem Konto des Eigentümers angesammelt hat und wie wenig auf dem eigenen. Bei Bill Gates und den anderen Internetpionieren sind es viele Milliarden, ihre Mitarbeiter können durch ihre Arbeit niemals solchen Reichtum erlangen.

Die Doppelgesichtigkeit der eigenen Existenz als Ausgebeuteter und sich selbst Ausbeutender ist die materielle Dimension des postmodernen Wechselspiels von Essenz und Dekonstruktion. Indem diese Doppelexistenz tagtäglich eingeübt und verlangt wird, entsteht das flexible Subjekt, das sich als formbar und selbstbestimmt zugleich erleben soll. Die doppelten Standards der Identitätspolitik gründen auf dieser konkreten Erfahrung und entfalten sie zu einer Ideologie, mit der die Zugehörigkeit zu einer Gruppe und die Verteilung von Anerkennung zum Kern von Politik gemacht wird. Die linke Identitätspolitik vereinigt damit die zentralen Eigenarten der Spätmoderne. Sie erklärt die Identität zu einer Konstruktion, die zugleich einen essentialistischen Kern hat. Sie nutzt die Entscheidung, wann das eine und wann das andere gilt, für ihre Interessen. Und sie liefert dem Bedürfnis der vereinzelten Subjekte nach Zugehörigkeit eine flexible und schlagkräftige Methode zur neuen Gemeinschaftsbildung.

Der Ausgangspunkt dieser Politik liegt passend zur Atomisierung der Gesellschaft in der Kränkungserfahrung des Einzelnen. Wer sich gekränkt fühlt und dafür keine Aufmerksamkeit bekommt, entwickelt Wut. Die Wut steigert den individuellen Energiehaushalt. Der Mensch kocht vor Wut, er könnte explodieren und findet so zu einem Ausdruck, den die anderen nicht mehr übersehen können. Wut schafft Aufmerksamkeit für die vormals unbeachtete Kränkung. Das Angebot der neuen Identitätspolitik besteht nun darin, dass diese Wut kein vereinzelter Ausbruch bleibt, sondern einen Resonanzraum bekommt, in dem sie sich vergrößern kann und positiven Widerhall findet. Wer sich gekränkt fühlt, erfährt eine Aufmerksamkeit, die ihm spiegelt, dass er damit nicht alleine ist. Man ist nicht mehr als Individuum gekränkt, sondern als Mitglied einer Gemeinschaft. Die neuen Kränkungskollektive finden sich aufgrund einer solchen Selbstverstärkung zusammen. Es ist nicht mehr der einzelne Andere, der dem Ich eine Kränkung zugefügt hat, sondern sowohl der Andere als auch das Ich gehören durch die Kränkung zu getrennten, verfeindeten Gemeinschaften. *Die* Männer kränken *die* Frauen, *die* Deutschen *die* Migranten, *die* Heterosexuellen *die* Homosexuellen, *die* Christen *die* Muslime usw.

Wütende zuerst

Die Grenze, die durch Kränkung entsteht, teilt nicht nur die Individuen in Gruppen ein, sondern sie legt auch eine Hierarchie zwischen diesen fest. Und damit kommt man zum machtpolitischen Kern linker Identitätspolitik. Die Teilung in Opfer- und Tätergruppen folgt der gleichen Doppelgesichtigkeit wie die Begründung der Gemeinschaften als essentialistisch oder konstruiert. Nach dieser Logik kann die Kränkung immer nur von der Täter- zur Opfergruppe erfolgen. *Die* Frauen können *die* Männer nicht kränken. Der argumentative Zirkel, der hier angewendet wird, ist spektakulär. Denn die Bildung der Kränkungsgemeinschaft erfolgt über das Gefühl der Kränkung. Doch nicht jeder hat das Recht, gekränkt zu sein, denn das haben nur die Mitglieder einer Opfergruppe. So bedingen sich Kränkung und Opferidentität gegenseitig, und niemand vermag zu sagen, was hier Henne oder Ei ist. Man muss zur Opfergruppe gehören, um eine politisch verwertbare Kränkung vorweisen zu können, und man muss gekränkt sein, um zu einer Opfergruppe zu gehören. Der Hauptmann von Köpenick stand schon vor ähnlichen Problemen, als er vom preußischen Obrigkeitsstaat Papiere haben wollte, die seine Identität belegen: ohne Aufenthaltsgenehmigung keine Arbeitserlaubnis, ohne Arbeitserlaubnis keine Aufenthaltsgenehmigung. Damals wie heute hat also derjenige die Macht, der über die Entscheidung wacht. Wer zur Opfergruppe gehört, der kann durch Kränkungen diesen Status legitimieren. Wem der Opferstatus verweigert wird, der kann sich gekränkt fühlen, wie er will, er bleibt ein Täter.

Der Streit um die Opfergruppen ist darum elementar für die neue Identitätspolitik. Während die rechte Identitätspolitik eine neue Souveränität und eine selbstbewusste Nation propagiert, will die linke Identitätspolitik oberflächlich betrachtet das Gegenteil. In der Methode unterscheiden sie sich jedoch nicht. Doch die Pointe ist, dass die linke Identitätspolitik die Methode sehr viel wirkungsvoller anwenden kann. Sie hat verstanden, dass mit der Opferidentität die potentere Macht verbunden ist. Wer Opfer ist, ist nicht nur vor Anklagen geschützt, sondern hat die Berechtigung, Vorwürfe zu erheben. Konkret bedeutet das, dass den Opfern immer geglaubt werden muss und dass alle, die der Kränkung angeklagt werden, automatisch als Täter gelten. Die individuelle Kränkung wiederholt dabei wiederum das paradoxe Spiel von eigentlicher und konstruierter Existenz. Denn zum einen ist die Kränkung ein subjektives Gefühl, das objektiv nicht nachzuprüfen ist. Darum muss der Kränkungsbehauptung immer geglaubt werden. Und zum anderen ist nicht jeder dazu berechtigt, ein solches Gefühl haben zu dürfen, dem geglaubt werden muss.

Da nur die Opferidentitäten dazu berechtigt sind, entstehen unlösbare Situationen, sobald zwei von ihnen aufeinandertreffen. Wenn eine weiße Frau sich von einem schwarzen Mann bedroht fühlt, kann entweder dem Bedrohtheitsgefühl der Frau zugestimmt werden oder es kann dem schwarzen Mann beigestanden werden, der sich von einem rassistischen Vorurteil der weißen Frau gekränkt fühlt.[14] Je nach politischer Stimmung ist die eine oder die andere Seite im Vorteil. Dass ein jüdischer Filmproduzent weiße christliche Frauen sexuell bedrängt, ist ein antisemitisches Klischee. Dass Schauspielerinnen von mächtigen Filmbossen sexuell erpresst werden, ist Ausdruck von patriarchalen Verhältnissen. So kompliziert wird die Lage, wenn die Bedeutung einer Handlung nicht mehr juristisch beurteilt wird, sondern je nach Identität des Handelnden einen anderen Wert bekommt.

Im Bereich des Strafrechts hat die soziale Stellung eines Täters schon lange eine Bedeutung für die juristische Bewertung seines Handelns. Doch die identitätspolitische Forderung geht weit darüber hinaus. Sie zielt darauf ab, dass die Identität darüber entscheidet, welchen Wert eine Aussage hat. So gehört es zu ihren zentralen Forderungen, dass sich zu bestimmten Themen nur noch bestimmte Identitäten öffentlich äußern dürfen. Und die Behauptung, dass den Opfern immer geglaubt werden muss und den Tätern niemals, bildet die abschließende Formel der neuen Machtverteilung.

Um diese unplausible Forderung durchzusetzen, muss eine komplizierte Technik angewendet werden. Ausgangspunkt ist die individuelle Empörung aufgrund einer Kränkung. Um diesem einzelnen Gefühl im Chaos der öffentlichen Stimmen Aufmerksamkeit zu verschaffen, muss die Empörung anschlussfähig werden. Das geschieht, indem die Empörung sich als Ausdruck einer bestimmten Identität formuliert: Aus dem „Ich als“ Frau, als Migrant, als Moslem, als queere Person etc. wird ein „Wir als …“. Dadurch, dass das Ich zum Teil eines Wir wird, ist nicht mehr die einzelne Person gekränkt, sondern die Identität einer Gruppe wird angegriffen. Bis hierhin folgt die Methode den bekannten Mustern, mit denen durch öffentliche Sichtbarkeit Solidarität und Schutz für den Einzelnen erzeugt wird.

Doch indem der Kern der Aussage des „Wir als …“ eine Identitätsbehauptung ist, verschiebt sich diese Methode. Denn nun entsteht die Anschlussfrage, welche Stellung in der Opferhierarchie diese Identität öffentlich beansprucht. Die Aussage, „Wir als Golfspieler fühlen uns von den Corona-Regeln diskriminiert“, findet keine Unterstützung. Wenn hingegen eine anerkannte Opfergruppe ihre Diskriminierung öffentlich beklagt, findet sie regen Zuspruch. Was als zivilisatorischer Fortschritt begrüßt werden könnte, führt jedoch wie alle Ungleichheiten zur Selbstverstärkung. Je größer die Aufmerksamkeit für die Opfergruppen wird, desto begehrter sind die Plätze in der identitätspolitischen Hierarchie. Und damit ist man wieder bei der paradoxen Anwendung der Unterscheidung, wann die eine Seite und wann die andere Seite der Konstruktion gültig sein soll.
Wenn es darum geht, die Opferseite zu stärken, dann wird insistiert, dass es sich dabei nur um eine Konstruktion handelt. Man wird als Mensch geboren und durch Kränkungen zum Opfer gemacht. Werden hingegen die Vorteile in Bezug auf Quoten, Förderungen und Aufmerksamkeit verteidigt, wird die Zugehörigkeit an essentialistische Kriterien geknüpft. Nicht jede Identität berechtigt durch Kränkungen zur Opferidentität. Es ist leicht zu erkennen, dass die Macht immer dort ist, wo darüber entschieden wird, wann die eine und wann

die andere Seite gilt. Insofern ist es eine notwendige Konsequenz, dass sich Gesellschaften, in denen identitätspolitisch Macht ausgeübt wird, immer weiter zersplittern. Denn die Macht ist daran geknüpft, dass die eigene Identität über den begehrten Opferstatus verfügt, während andere Identitäten als Täter zur Verantwortung gezogen werden können. Die Konflikte verlaufen dann nicht mehr zwischen den verschiedenen Interessen, sondern zwischen den Ansprüchen auf die Plätze in der Hierarchie von Opfern und Tätern.

Die Folgen dieser Verschiebung bestimmen inzwischen die gesamte öffentliche Kommunikation. In immer mehr Bereichen wird nicht mehr über konkrete Forderungen debattiert, sondern über die Frage, wer überhaupt berechtigt ist, öffentlich etwas zu fordern, und wer davon ausgeschlossen werden muss. Einen ersten Höhepunkt hat diese Verschiebung während der Flüchtlingskrise 2015 erfahren. Jeder, der die Regierungspolitik der offenen Grenzen in Frage gestellt hat, wurde als Rechtsradikaler ins Aus katapultiert. Der kurzfristige Gewinn für die eine Seite war verlockend, da die Fraktion der offenen Grenzen sich dadurch jede Debatte erspart hat. Der langfristige Schaden für die Öffentlichkeit ist hingegen groß. Indem die eine Seite nicht mehr begründen musste, warum ihre Handlungen richtig sein sollen, und die andere Seite ihre Kritik nicht mehr vorbringen konnte, ohne stigmatisiert zu werden, zerfiel der öffentliche Raum in verfeindete Lager. Der Ausschluss aus dem erlaubten Diskurs führte nicht dazu, dass die „bösen" Meinungen einfach verschwunden wären. Sondern es passierte genau das, was jeder hätte vorhersehen können: Wenn die eigene Stimme nicht mehr gehört werden soll, wird der Gekränkte wütend und erhöht die Intensität seiner Forderungen. Was die linke Identitätspolitik aus ihren eigenen Anfängen hätte erinnern können, wiederholte sich nun auf der rechten Seite. Wer sich ausgeschlossen fühlt, entdeckt die Methode der Opferpolitik für sich. Rechte Identitätspolitik erfährt seitdem starken Zulauf.

Die Gegenreaktion der ausschließenden linken Identitätspolitik greift auf ihre bewährte Methode zurück. Sie reklamiert umso vehementer die Macht, darüber zu entscheiden, wer überhaupt zu einem Opferstatus berechtigt ist. Da diese Macht an den eigenen Opferstatus geknüpft ist, besteht der gefährlichste Angriff darin, dass eine andere Identität für sich den gleichen Opferstatus beansprucht. Als letztes Mittel der Verteidigung wird darum die Behauptung einer Täter-Opfer-Umkehr eingeführt. Damit ist gemeint, dass nicht jeder den begehrten Opferstatus haben kann, sondern dass es eine Instanz gibt, die darüber wacht. Der blinde Fleck dieser Instanz liegt wenig überraschend in der Macht der linken Identitätspolitik. Denn sie beansprucht die letzte Entscheidung, wer Täter und wer Opfer ist.

Der Vorwurf der Täter-Opfer-Umkehr ist eine besondere Raffinesse linker Identitätspolitik, an dem gut zu erkennen ist, wie widersprüchlich ihre Methode ist und wie weit sie sich von linker Politik entfernt hat. Denn das Ziel klassisch linker Politik bestcht darin, Ungleichheit und Ungerechtigkeit zu bekämpfen. Aus Opfern sollen gleichberechtigte Menschen werden. Die neue Identitätspolitik beharrt jedoch auf ihrem Opferstatus, da er größeren Erfolg verspricht als eine Gleichberechtigung mit allen anderen. Da sie einen jahrelangen Vorsprung bei der Anwendung dieser Methode hat und da die rechte Identitätspolitik mit der veralteten Methode der essentialistischen Identität arbeitet, baut sie ihre Opfer-Machtposition immer weiter aus.

Die Identitäten, die am überzeugendsten ihren Opferstatus behaupten können, haben die größte öffentliche Aufmerksamkeit. Die Täter-Opfer-Umkehr hat hier also längst stattgefunden. Doch statt sich über sie zu freuen und darin einen Sieg für die eigenen Kämpfe zu sehen, wird alles dafür getan, weiterhin den Opferstatus reklamieren zu können. Die Angst besteht darin, dass in dem Moment, wo dieser Zusammenhang öffentlich sichtbar würde, die Opfermacht eingeschränkt wäre. Die Methode wird zu ihrer eigenen Gefangenen.

Da sie so vehement den Opferstatus behauptet und ihn als einzige legitime Quelle von Macht durchgesetzt hat, kann sie das Ende ihrer Opferseins nur als Ende ihrer Macht bewerten. Darum müssen ständig neue Quellen von Kränkung erschlossen werden und darum bedeutet jede weitere Opfergruppe eine Bedrohung. Die Verteidigung der linken Identitätspolitik besteht inzwischen vor allem darin, ihre Macht umfassend zu leugnen. In einer für Hegel unerwarteten Pointe wollen heute alle ein Opfer sein wie der Knecht, denn nur die Opfer bekommen die Anerkennung, die sich die Herren einst gewünscht haben.

Die neuen Pietisten

Die beeindruckend paradoxe Leistung der linken Identitätspolitik besteht also darin, dass sie es schafft, aus der individuellen Kränkung Gemeinschaften zu formen, die ihre Interessen wirkungsvoll durchsetzen und zugleich als ohnmächtige Opfer erscheinen. Damit hat sie ein erfolgreiches Gegenmodell zur rechten Identitätspolitik gefunden. Diese inszeniert sich mit großem Aplomb als gedemütigte Täter und löst dabei vor allem Widerstand aus. Ihre politische Wirkung steht diametral zu ihrem Selbstbild. Die rechte Identitätspolitik ist ein Scheinriese. Sie wirkt gewaltig und bewegt nichts.

Die linke Identitätspolitik ist ein Scheinzwerg. Sie wirkt opferklein und bekommt gerade darum immer mehr Resonanzräume in der Öffentlichkeit.

Der Titel eines der zahlreichen Bücher, die aus der Opferperspektive Anklage gegen die Gesellschaft führen, bringt das Paradox schlagkräftig auf den Punkt: „Eure Heimat ist unser Albtraum". 2019 erschienen, versammelt es eine Reihe von Stimmen der linken Identitätspolitik. Das Paradox des Titels besteht darin, dass eine Spaltung zwischen einem Autoren-Wir und einem „Eure Heimat" behauptet wird, und dass zugleich das Wir der Autoren betont, dass sie selbstverständlich alle deutsche Staatsbürger seien. Nach dieser einfachen Feststellung könnte man das Buch wieder zuklappen, denn es gibt offensichtlich keinen juristischen Unterschied zwischen der Heimat der Deutschen und der der Autoren. Doch auf solche konkreten Fakten wollen sie sich nicht einlassen. Ihr Ziel ist ein anderes: Der identitätspolitische Diskurs soll in modellhafter Reinheit vorgeführt werden. Jede individuelle Kränkung wird zu einer identitätsstiftenden Erfahrung gemacht, aus der neue Wut-Gemeinschaften hervorgehen.

Jemand geht durch eine Fußgängerzone und wird seltsam angeschaut. Da kann es sich nur um die bösen Blicke der Heimatdeutschen handeln. Man wird zu einem Vorstellungsgespräch eingeladen, weil dort ausdrücklich Menschen mit Migrationshintergrund gesucht werden, und schon ärgert man sich, weil einem daraufhin ein Migrantenbonus vorgeworfen wird. In diesem Kränkungsreigen führt nur ein Autor die Widersprüche konsequent bis zum Ende. Er beschreibt ein Gespräch zwischen sich und einer „biodeutschen" Freundin. Der Dialog hangelt sich an den bekannten Standards von Vorwürfen entlang, bis die Freundin ihn schließlich mit folgender Aussage konfrontiert: „Ich weiß, dass es hier Rassismus gibt. Du übertreibst es aber und siehst ihn überall, selbst bei den Leuten, die klar antirassistisch sind und gegen Rassismus kämpfen. Ich finde das nicht konstruktiv. Es ist der Sache nicht dienlich."[15] Der Autor gesteht verdutzt ein, dass ihn dieses Argument schachmatt setzt. Und nun führt er eine Wende durch, die den Text zum einzigen mutigen Beitrag des Bandes macht. Er schreibt über seine Wut, die ihm ein Lebenselixier ist. „Die Wut in ihm ist wie eine kleine Flamme, die seine Körpertemperatur immer leicht über 40 Grad Celsius hält und nur darauf wartet, sie auf 100 hochkochen zu dürfen." Damit öffnet er den Blick auf einen Aspekt der Wut, den die anderen Beiträge verschweigen. Die Wut ist nicht nur Ergebnis einer Kränkung, die nicht genügend Aufmerksamkeit bekommen hat. Sondern es gibt auch ein Begehren, das in dem erhöhten Energieniveau der

Wut einen Lebensgenuss sieht. Wer wütend ist, fühlt sich stärker und ist sich seiner selbst gewisser. Der Wütende wird für sich selbst wichtiger. Das ist eine Qualität der Wut und das ist ihr Problem. Denn was dieser Einblick ebenfalls nicht verschweigt, ist die Verschiebung der Wut von einer Reaktion auf eine Ohnmachtserfahrung hin zu einem Gefühl, das dem Wütenden gefällt.

In den anderen Texten wird genau dieser Zusammenhang ausgeblendet, um die wütende Selbstbezüglichkeit als unwiderlegbaren Gefühlsgrund zu behaupten. In einer besonders aggressiven Auslegung wird aus der Empörung sogar das Recht auf Rache abgeleitet. Aus der Kränkung über den „Migrantenbonus" folgt die Aussage, dass sie, die deutsche Autorin mit Migrationshintergrund, sich nicht mehr mit den normalen Aufstiegsversprechen begnügen will. Ihr Ziel ist nun eines, das weit über den eigenen Arbeitsplatz hinausweist. Ihr German Dream ist „ganz einfach: Ich will den Deutschen ihre Arbeit wegnehmen."[16]

Auch hier stellt sich die ausgeblendete Frage vom Anfang, wie sie als Deutsche den Deutschen ihre Arbeit wegnehmen will. Aber über diesen Widerspruch schweigen sich die Texte aus. Was stattdessen bleibt, ist der Aufschrei der Rache. Es geht nicht mehr darum, seinen Platz in der Gesellschaft zu finden, sondern es geht vor allem darum, ihn *den* Deutschen wegzunehmen. Wer ein Brot kauft, weil er eines braucht, vollzieht eine kategorisch andere Handlung, als wer ein Brot nur darum kauft, damit es ein anderer nicht bekommt. Dass die Autorin sich für ihre unverstellte Rache des allgemeinen Zuspruchs sicher sein kann, ist das eigentliche Rätsel der linken Wutkultur. Denn neben dem Neid gehört die Rache zu den am stärksten abgelehnten Gefühlen in der Öffentlichkeit.

Und damit gelangt man ins Zentrum der gesellschaftlichen Stimmung unserer Gegenwart, die man als einen neuen Pietismus bezeichnen könnte. Die frömmelnde Heuchelei paart sich hier mit einem aggressiven Auftreten, das jedes Verhalten gnadenlos bewertet und harsche Urteile spricht. Vom Pietismus hat sich die linke Identitätspolitik die Überzeugung abgeschaut, dass aus einem besonderen Zugang zur Wahrheit das Recht folgt, andere verteufeln zu dürfen. Wie in allen Bewegungen, die sich darauf berufen, eine privilegierte Wahrheit zu verkörpern, hat sich auch beim neuen Pietismus die Urteilslust verselbstständigt. Der Anteil der Gottsuche nahm ab und die auftrumpfende Geste, besser als die Mitmenschen zu sein, wird zum eigentlichen Glaubensinhalt. Wie sehr diese Urteilslust das linksidentitäre Denken bestimmt, zeigt ein besonders raffiniert gebauter Theorieteil.

Unter dem sperrigen Label des „intersektionalen Antirassismus“ findet sich die folgenreichste Anwendung linksidentitärer Machtpolitik. Am Beginn steht wie bei jeder Ideologie die Absicht, die Welt besser machen zu wollen. Niemand kann begründet etwas gegen die Gleichbehandlung von Menschen einwenden. Doch aus dieser ersten Motivation ist inzwischen eine Methode entstanden, die nicht mehr Gleichheit, sondern Ungleichheit produziert. Die Methode funktioniert wie die gesamte Identitätspolitik mit der Vermischung von zwei unterschiedlichen Kategorien. Auf der einen Seite wird festgestellt, dass Menschen dazu neigen, andere Menschen nach ihrem Äußeren zu beurteilen und diese Unterscheidungen zur Grundlage von Gruppenbildungen zu benutzen. Das Kind mit roten Haaren wird öfter ausgegrenzt als das Kind mit schwarzen oder blonden Haaren, wenn diese Farben die Mehrheit im Kindergarten ausmachen. Nun soll mit einer Belehrung dieser archaischen Ausgrenzung entgegengewirkt werden. Rothaarige Kinder sind so wie alle anderen. Um diese Einsicht robust durchzusetzen, haben die Gesellschaften, in denen viele verschiedene äußere Merkmale vorkommen, in einem zweiten Schritt die Mechanik der Ausgrenzung insgesamt tabuisiert. Wer Menschen aufgrund von solchen Kategorien einteilt, verhält sich rassistisch. Die Durchsetzung der Gleichheit erfordert also eine Tabuisierung der unmittelbaren Orientierung an äußeren Merkmalen.

Dieser Zusammenhang wird nun dadurch kompliziert, dass Menschen nicht nur unmittelbar bewerten, sondern vor allem Bewertungen aufgrund von verbreiteten Vorurteilen erlernen. Der individuelle Rassismus wird also auf der sozialen Ebene gespiegelt und verfestigt sich dadurch. So entstehen Traditionslinien, welche Merkmale positiv und welche negativ bewertet werden. Ist man auf dieser Ebene angekommen, kann der Kampf gegen den Rassismus in eine Ideologie umkippen. Denn nun werden alle gegenwärtigen Regeln als Ausdruck falscher Traditionslinien beurteilt und damit das Gesamt der Mehrheitsgesellschaft als rassistisch bewertet. Unabhängig davon, wie der Einzelne sich verhält, ist er Teil eines rassistischen Systems und handelt dementsprechend rassistisch. Dass eine solche Gleichsetzung von Gesellschaft und Individuum einer rassistischen Denkweise entspricht, scheint diese Ausprägung von Antirassismus nicht zu stören.

So wendet sich die linke Identitätspolitik immer entschlossener von den aufklärerischen Werten des Universalismus ab. Ihre Volten erinnern inzwischen an die Radikalität, mit der frühere Ideologien ihre Lust an der Verdammung betrieben haben. Wie im Pietismus geht man nun wieder davon aus, dass alle Menschen Sünder sind, weil jeder Mensch nach dem Sündenfall von Geburt an im Stand der Ungnade leben muss. Die Folgen eines solchen Menschenbildes waren und sind eklatant. Denn es geht dann nicht mehr darum, möglichst wenig zu sündigen, sondern es geht vor allem darum, jederzeit zur Buße bereit zu sein. Denn nur derjenige, der sich öffentlich und vor Gott dazu bekennt, ein Sünder zu sein, kann auf Erlösung hoffen. Der größte Sünder ist ab jetzt nicht mehr der, der sündige Taten begeht, sondern der, der seine Sündhaftigkeit nicht überzeugend bekennt. Wer meint, durch gute Taten ein kleinerer Sünder sein zu können, macht sich besonders schuldig. Wer hingegen am lautesten die Verworfenheit seiner Seele offenbart, unterwirft sich dem Glaubenssystem am folgsamsten.

Genau diese Unterwerfung wird in einer populären Kampfschrift[17] zum Antirassismus verlangt. Der einzige Ausweg aus der rassistischen Gesellschaft soll darin bestehen, dass jeder weiße Mensch bekennt, dass er ein Rassist ist. Gemäß dieser Glaubenslehre sind die schlimmsten Rassisten diejenigen, die meinen, in ihrem alltäglichen Tun nicht rassistisch zu sein. Vor jeder Läuterung steht also die öffentliche Buße. Dass dieser Ratgeber vor allem in den USA Zuspruch erfährt, wundert bei den großen Gemeinden der neupuritanischen evangelikalen Kirchen nicht. Der strukturelle Rassismus wird zu einer Glaubensfrage, deren Bußzwang im Sündenfall wurzelt. Aus dieser Verbindung von Antirassismus und moralisierender Frömmigkeit resultieren zwei folgenreiche Konsequenzen: Zum einen wird die Gesellschaft in zwei Lager eingeteilt. Das eine besteht aus denjenigen, die im Sündenstand des Rassismus leben, und das andere aus denjenigen, die unter den Sündern leiden. Die zweite Konsequenz besteht darin, dass die ewigen Rassisten eine Sonderbehandlung erfahren müssen, um aus ihrem Stand der Sünde herauszufinden.

Bei der Bestimmung der beiden Lager könnte die reine Lehre schnell an empirische Grenzen stoßen. Denn ist ein Kind mit schwarzer Haut, das wohlhabend aufwächst, stärker diskriminiert als ein Kind mit weißer Haut aus armen Verhältnissen? Diesem Einspruch gegen die gnostische Eindeutigkeit in den bösen und den guten Teil der Welt begegnet die neue Glaubenslehre mit dem alten Mittel des Dogmas. Die erste Grundregel lautet darum: Es kann keinen Rassismus gegen Weiße geben. Selbst wenn jemand als einziges weißes Kind in einer schwarzen Gegend aufwächst, das weiße Kind bleibt ein Rassist und rassifiziert alle anderen. Wie alle Dogmen funktioniert auch dieses nur durch permanente Wiederholung und die Androhung von Strafen für alle, die es nicht beachten. So wird jeder

Versuch, das Dogma als empirisch falsch zu kritisieren, mit dem Vorwurf des Rassismus belegt.

Aus der robusten Durchsetzung des Dogmas folgt zwangsläufig die Sonderbehandlung, der die weißen Rassisten unterzogen werden müssen. Hier findet die Ideologie zu ihrem missionarischen Bekehrungseifer. Denn die erste Reaktion der weißen Sünder besteht darin, dass sie die Unterstellung, sie seien qua Geburt Rassisten, wütend ablehnen. Doch ebendiese Wut wird nicht als Hinweis auf eine möglicherweise falsche Zuschreibung bewertet, sondern gilt als Beweis für die Richtigkeit der Anklage. Gemäß den Regeln der mittelalterlichen Inquisition gilt jede Selbstverteidigung des Ketzers als Beweis für seine Schuld. Nur wer sich mit dem Teufel eingelassen hat, kann sich dem heiligen Gericht widersetzen und darauf spekulieren, sich durch Argumente befreien zu können. Eine grausame Wiederholung dieser Unlogik fand sich in den Gerichtsverfahren des Stalinismus, in denen galt: Wer sich verteidigt, klagt sich an. Denn wer angeklagt wird, macht sich spätestens dadurch schuldig, dass er sich verteidigen will. Denn damit gibt er zu erkennen, dass er der allwissenden Partei nicht gehorcht und darum schuldig ist.

Dass diese tödliche Form der Ideologie gerade wieder so populär wird, sollte eine Warnung sein, dass auch in der Spätmoderne die Aufklärung immer wieder in Bar-

barei umschlagen kann. Denn wem nutzt eine solche Ideologie, bei der die Macht immer aufseiten der Ankläger ist und bei der die Angeklagten ohne Chance auf Verteidigung sind und ihnen darum nur die Unterwerfung bleibt? Die Antwort ist im Kontext linker Identitätspolitik einfach. Es geht um die Durchsetzung doppelter Standards. Dem Opfer muss immer geglaubt werden, dem Täter niemals. Die Wut des Opfers ist ein wertvolles Gefühl, das als Beweis für vorherige Kränkungen dient. Die Wut des weißen Menschen ist Beweis seiner Schuld und Kennzeichen seiner „white fragility“.

Bei diesem Kunstwort handelt es sich um einen weiteren Begriff aus dem Baukasten linker Identitätspolitik. Ein weißer Mensch zeigt sich „fragil“, wenn er versucht, dem Rassismus-Vorwurf zu widersprechen. Da die Verteidigung ihn immer weiter zum Schuldigen macht, wird seine Ohnmacht zu emotionalen Reaktionen führen. Er wird klagen, sich beschweren oder wütend werden. Alle diese emotionalen Reaktionen gelten dann als Belege für seine „weiße Fragilität“. Die ideologische Funktion des Begriffs besteht also darin, alle „weißen“ Reaktionen als Schuldbeweis zu nehmen. Nicht nur die Wut, sondern auch die Angst, der Rückzug, rationale Argumente oder sogar das Schweigen sind Ausweis der weißen Schuld. Die „weiße Fragilität“ ist das zum Begriff geronnene Gefängnis der Inquisition. Wer über einen solchen Begriff verfügt, ist gegen jede Kritik immun. Denn auch hier gilt, wer den Begriff kritisiert, bestätigt nur seine Schuld. Es handelt sich also wie bei jeder durchsetzungsstarken Ideologie um die Waffe der abschließenden Formel, gegen die es keine Verteidigung mehr gibt.

Die Macht dieser Begriffe fußt auf den doppelten Standards linker Identitätspolitik, denn die Wut spielt je nach Kontext eine gegensätzliche Rolle. Auf der Opferseite gilt sie als Beweis des erlittenen Unrechts und notwendiger Energieschub für die Veränderung. Auf der Seite der Täter gilt sie als Zeichen von Renitenz und als Eingeständnis von Schuld. Um diesen Aspekt der doppelten Standards abzusichern, wird ein weiterer Begriff eingeführt. Mit dem Vorwurf, jemand betreibe „tone policing“, wird jede Kritik an der Opfer-Wut als rassistisch verurteilt. Wer als Mensch mit weißer Hautfarbe um einen gemäßigten Ton bittet oder nicht weiter beleidigt werden möchte, zeigt seinen Rassismus, da er dem Opfer seine Gefühle abspricht. Die wütende Tonlage des Opfers ist Wahrheitsbeweis und ehrenwertes Gefühl. Der Hinweis, den Ton zu zivilisieren, ist Ausdruck weißer Überheblichkeit.[18] Erlaubt ist nur noch die Unterordnung unter den vom Opfer gesetzten Ton: Weiße sollen schweigen, wenn Schwarze wütend sind.

Sie müssen ihre eigene Meinung zurückstellen, um für die Schuld der Weißen zu büßen.

In alltäglichen Konflikten zeigt sich die abschließende Formel in einer seltsam brüsken Aussage. Jemand beschwert sich über ein verletzendes Verhalten. Nun fragt die Person, die die Verletzung verursacht haben soll, was sie denn falsch gemacht habe. Darauf folgt die abschließende Formel, die jeden Dialog beendet: „Deine Fehler musst du schon selber wissen. Denn ich, das Opfer, bin nicht dafür zuständig, sie dir zu erklären."

In diesem Sprechakt kristallisiert sich die neue Macht der linken Identitätspolitik. Es handelt sich dabei um eine Variation des „Double Bind". Damit ist eine Kommunikation gemeint, in der die eine Seite es nur noch falsch machen kann, weil die andere Seite auf zwei Ebenen gegensätzliche Signale sendet. Wer mit jammernder Stimme verlangt, man möge sich nicht weiter um ihn kümmern, versetzt alle in die Ohnmacht einer Situation, in der niemand weiß, ob Hilfe oder keine Hilfe erwartet wird. Wer sich beschwert, um dann jede Erklärung zu verweigern, versetzt den anderen in eine unfreie Situation. Denn entweder ignoriert der Beschuldigte die Beschwerde und macht sich noch weiter schuldig, oder er muss sich selbst auf die Suche nach seinem Fehler machen und hat damit bereits akzeptiert, dass er schuldig ist.

Bekannt ist diese Kommunikation aus der schwarzen Pädagogik. Ein Fehlverhalten wird darin ohne nähere Erklärung angemahnt, um den Delinquenten in die ohnmächtige Position zu versetzen, ein Sünder zu sein, der seine Sünden selbst herausfinden muss. Die Autorität festigt ihre Macht, indem sie den Beschuldigten zur Selbstprüfung zwingt. Wer im politischen Raum über diese Form der schwarzen Pädagogik verfügt, kann jede Anschuldigung vorbringen, und macht sogar noch den Beweis, ob die Anschuldigung berechtigt ist oder nicht, zum Problem des Beschuldigten.[19]

Woke Wut

Linke Identitätspolitik etabliert im Gegensatz zur rechten eine komplizierte Wutkultur. Sie muss die Thymos-Spannung der Opfer hochhalten und immer wieder neu entfachen. Zugleich muss sie die wütenden Reaktionen der Mehrheitsgesellschaft abwehren, indem sie diese wie in einer japanischen Kampftechnik auf sie selbst zurückwendet. So erklärt sich, warum sich beide Identitätspolitiken gegenseitig befeuern. Die rechte Wut wird nicht als Ausdruck sozialer Probleme ernstgenommen, sondern soll vor allem eine Gefahr für linke Identitäten sein.[20] Rechte Wut wird zum individuellen Charakterfehler erklärt, während linksidentitäre

Wut Ausdruck der falschen Verhältnisse ist. Mit diesem doppelten Standard werden permanent neue Konflikte produziert. Denn es werden nicht nur alle nicht-linksidentitären Wutkollektive provoziert, sondern es wird ebenso der Universalismus und Gleichheitsanspruch der bürgerlichen Milieus bekämpft.

Um in diesem Wechselspiel Sieger zu bleiben, wendet die linke Identitätspolitik ihre Paradoxien immer radikaler an. Jeder Versuch, auch die rechte Wut als Teil des politischen Spektrums zu verstehen, wird kategorisch abgelehnt. Wer die „Sorgen der Bürger" ernst nehmen will, macht sich in ihren Augen bereits verdächtig. Der einfache Grund, warum linke Identitätspolitik ihre doppelten Standards so vehement durchsetzen will, besteht in ihrem politischen Machtanspruch. Würde die Wut der „weißen Menschen" nicht als Beweis ihrer Schuld angesehen, sondern als verstehbares Aufbegehren anerkannt, bräche das Fundament linker Identitätspolitik zusammen. Ihre doppelten Standards sind das Betriebsgeheimnis ihres Erfolgs. In jedem einzelnen ihrer Argumente finden sie sich wieder.

Darum droht die größte Gefahr für sie inzwischen nicht von der Seite der rechten Wut, sondern von der Seite, die ihren strategischen Einsatz der Doppelstandards öffentlich kritisiert. Die Wut linker Identitätspolitik richtet sich immer stärker gegen die neutrale Position des Universalismus. Die raffinierteste Abwehr besteht darin, den Universalismus zum Partikularismus der „weißen Menschen“ zu erklären. Mit diesem logischen Trick sägt die linke Identitätspolitik jedoch an dem Ast, auf dem sie selbst sitzt. Denn wenn es keinen Universalismus in der Gleichheit mehr gibt, entfällt auch ihr Fundament für eine Gleichheit, mit der Minderheiten gleiche Recht fordern können. Wer den Universalismus der Menschenrechte ablehnt, öffnet die Türen zur Hölle, in der wieder das Recht des Stärkeren gilt.

Doch diese Gefahr wird ignoriert, da der kurzfristige Gewinn aus den doppelten Standards zu verlockend erscheint. Um diesen Kampf der doppelten Standards gegen die Gleichheit des Universalismus zu gewinnen, muss der Wut-Pegel hoch bleiben. Nur ausreichend große Erregung kann das Wutkollektiv zusammenschweißen und es damit gegen rationale Argumente immunisieren. Die Vehemenz des Aufschreis wird zur stärksten Waffe gegen den zwanglosen Zwang des besseren Arguments. Darum betreibt linke Identitätspolitik ein elaboriertes Wutmanagement. Damit die Anlässe für Kränkungen nicht ausgehen, müssen die Gegenwart und die Vergangenheit nach Ereignissen durchsucht werden, über die man sich empören kann. So entsteht die „wokeness“ als wichtigster Lieferant immer neuer Kränkungen. Wer „woke“ ist, ist erwacht und findet mit geschärften Sinnen nun den kleinsten Anlass für Empörung. Der Woke erfüllt in der linken Wutkultur eine wichtige Funktion. Er liefert den notwendigen Nachschub an Aufregung, um die linke Wut-Spannung hochzuhalten.

Die Erwachten fügen sich perfekt ins pietistische Weltbild und radikalisieren die Suche nach Empörungsgründen. Wenn alle weißen Menschen von Natur aus Rassisten sind, erhöht sich die Zahl der empörungsfähigen Ereignisse ins Unendliche. Was als Mikroaggression in US-amerikanischen Colleges schon vor Jahrzehnten für den permanenten Nachschub an Kränkungen sorgte, wird nun zur allgemein verfügbaren Erregung. Die einfache Frage „Woher kommst du?“ löst, wenn sie von einem weißen Menschen gestellt wird, Wut aus. Denn in den empörungsbereiten Ohren klingt diese Frage nach der Unterstellung, dass die nicht-weiße Person womöglich aus einem anderen Land kommen könnte.

Ebenso können die „Tränen der weißen Frau“[21] zu einem Skandal taugen. Wenn eine rassistisch motivierte Tat öffentlich betrauert wird, sollen schwarze Menschen ablehnen, dass weiße Frauen ihre Anteilnahme durch Tränen ausdrücken dürfen. Die Unterstellung besteht darin, dass weiße Frauen mit ihren Tränen nur selbst zum Mittelpunkt der Trauer werden wollen. So wird eine weitere paradoxe Situation geschaffen, in der Weiße es nur falsch machen können. Stehen sie ohne Gefühle abseits, wird ihnen Empathielosigkeit und ein rassistisches Desinteresse vorgeworfen. Zeigen sie ihre Gefühle und weinen, wollen sie nur die Aufmerksamkeit auf sich lenken. Und wie in allen paradoxen Situationen gibt es keine Lösung. Die Macht liegt genau darin, dass Weiße in eine ausweglose Situation gebracht werden. Der Weiße handelt unhintergehbar falsch, weil er ein Weißer ist, womit er zwangsläufig immer neue Beweise für seine Schuld produziert.

Ist die Tür zur negativen Interpretation „weißer" Gefühle einmal durchschritten, kann in jeder Handlung und in jeder Formulierung eine rassistische Kränkung gesehen werden. Die Hermeneutik des Verdachts bestimmt dann das Klima, in dem Kommunikation stattfinden muss. Ein Keks, der von dunkler Schokolade ummantelt ist und Afrika heißt, wird dann ebenso zum rassistischen Skandal wie das Adjektiv „schwarz" in „Schwarzfahren" oder „Schwarzarbeit".[22] Dass in beiden Fällen nicht „schwarze" Menschen gemeint waren, spielt dabei ebenso wenig eine Rolle wie die absurde Mühe, die eine Gesellschaft aufwenden muss, um die immer neuen Kränkungen zu beruhigen und den alltäglichen Gebrauch der Sprache zu korrigieren.

Bei dem Projekt der woken Wutkultur geht es nicht um einen Plan, die Welt zu einem besseren Ort zu machen, sondern es geht um die Lust an der inflationären Empörung. Wer sich gekränkt fühlt und es schafft, seiner individuellen Kränkung eine allgemeine Gültigkeit zu geben, ist nicht nur berechtigt, seine Wut öffentlich auszuleben, er wird dafür sogar noch belohnt. Gelten die Affekte der Rache ansonsten als bedenkliche Zeichen von Zivilisationsverlust, so ist die wütende Stimme, die aus einer Opferperspektive nach Vergeltung ruft, ein anerkannter Beitrag zur Öffentlichkeit. Jedes Medium, das im Markt der Aufmerksamkeit mithalten will, braucht inzwischen mindestens eine wütende Opferstimme unter seinen Beiträgern.
Das Geschäftsmodell der Opfer-Wut ist so einfach wie erfolgreich. Müssen die Stimmen derer, die nicht als Opfer gelten, Argumente finden und größere Zusammenhänge erläutern, um ihrer Meinung eine Relevanz zu geben, kann die Opfer-Stimme allein auf sich selbst und die eigene Kränkung schauen. So entsteht die Textform des One-Trick-Pony: „Ich bin wütend“ wird zum Ausgangspunkt des immer gleichen Textes, der gegen eine vermeintliche Übermacht anbrüllt. Dass die Behauptung, eine marginalisierte und darum übersehene Opferposition zu bekleiden, spätestens in dem Moment zur Lüge wird, wo sie regelmäßig in einem überregio-

nalen Medium erscheint und vielfältigen Zuspruch erhält, wird ausgeblendet. Getreu der alten Lehre zum Machterhalt befolgen die Verwalter der Opfer-Wut den Ratschlag: Wenn du herrschen willst, musst du es im Gewand des Dieners tun.[23]

So hat der öffentliche Wettbewerb zwischen rechter und links-woker Identitätspolitik einen klaren Sieger. Und damit findet die paradoxe Methode der linken Identitätspolitik ihre abschließende Formel. Solange sie es schafft, genügend Nachschub an Empörung zu generieren, und solange ihre Wut als legitimer Ausdruck der Unterdrückten erscheint, so lange behält sie die Macht über die Regeln der öffentlichen Kommunikation. Darum steht im Zentrum dieser Wutkultur der gut bewachte Bereich des Opferstatus. Dass die Opfer-Wut so viel erfolgreicher ist als die Täter-Wut der rechten Identitätspolitik, gibt hingegen Anlass, zum Abschluss noch einmal anders über die Wutkultur der Spätmoderne nachzudenken.

Wutkultur, die wütend macht

Die rechte wie die linke Wutkultur unterbieten den erreichten Stand der Kommunikation. Rechtsidentitäre Wutkultur will zurück zu einem Zustand der Einsinnigkeit. Dabei ignoriert sie, dass die Homogenität, die in der guten alten Zeit verortet wird, schon damals eine Konstruktion war. Die Nationenbildung war ebenso von politischen Interessen geleitet wie die Einteilung der Menschen in Rassen. Die nostalgische Sehnsucht will einen Zustand wiedergewinnen, der so nie existiert hat. Hinzu kommt, dass in der deutschen Geschichte die Behauptung, einer besonderen Nation anzugehören, so brutale Folgen gehabt hat, dass dieser Weg der Gemeinschaftsbildung noch für lange Zeit vergiftet bleiben wird.

Linksidentitäre Wutkultur ist ein Kind der postmodernen Theorien. Sie bewegt sich geschickt in dem Laby-

rinth von Paradoxien und nutzt diese zu ihrem eigenen Vorteil. Doch gerade weil sie sich an die Gedanken der Zeit anschließt, hat sie für die Kommunikation ungleich größere Folgen. Sie wirkt auf den ersten Blick wie ein Projekt des gesellschaftlichen Fortschritts. Doch je erfolgreicher sie ihre Methode anwendet, desto sichtbarer werden die negativen Folgen. Der Kern dieser Methode besteht darin, unterschiedliche Maßstäbe für unterschiedliche Identitätsgruppen durchzusetzen. Um diese doppelten Standards zu etablieren, muss sie den Universalismus bekämpfen. Der Trick, mit dem sie das schafft, besteht darin, dass sie den Universalismus selbst zur parteilichen Meinung einer bestimmten Identitätsgruppe erklärt. Wer gleiche Rechte für alle fordert, gehört für sie zur Gruppe der weißen Menschen, oder in ihrer polemischen Form sind sie „alte weiße Männer", die damit ihre Vorrechte bewahren wollen.
Die gedanklichen Verrenkungen, die dafür notwendig sind, Gleichberechtigung zu fordern und den Universalismus abzulehnen, machen die linksidentitäre Methode zu einer anspruchsvollen Ideologie, deren Wirkung für die Kommunikation folgenreich ist. Je mehr die doppelten Standards durchgesetzt werden, desto mehr Menschen fühlen sich davon betrogen. Wer beobachtet, dass Menschen unterschiedlich behandelt werden, wird zuerst diese Ungerechtigkeit kritisieren.

Wenn die Kritik dann aber mit einer weiteren Anwendung doppelter Standards abgewehrt wird – der Wut der Opfer muss gefolgt werden, die Wut der Weißen ist böse –, entsteht ein genereller Argwohn gegenüber einer solchen Kommunikation. Diesen Vertrauensverlust kann man inzwischen in allen Ländern beobachten, in denen die linksidentitäre Methode Erfolg hat. Wer alltäglich erlebt, dass man sich selbst zu einer besonderen Identität machen muss, um Vorteile zu haben, der verabschiedet den Universalismus. Die Folgen für die fortschrittlichen Projekte sind fatal. Wenn emanzipatorische Forderungen und die Durchsetzung von Gleichheit vor allem als Etablierung neuer Ungleichheiten erlebt werden, ist der gesellschaftliche Backlash vorhersehbar. Rechtsidentitäre Bewegungen nutzen dann die Wut, die aus diesen alltäglichen Erfahrungen von Ungleichheit und dem Vertrauensverlust aufgrund doppelter Standards erwächst. Ihre Antworten unterfliegen jedoch den erreichten Stand einer ausdifferenzierten Gesellschaft. Das Phantasma einer homogenen Gemeinschaft kann eine individuelle Sehnsucht sein, mit den Anforderungen in einer komplexen Gesellschaft ist es nicht vereinbar.

Linksidentitäre Bewegungen greifen hingegen den Universalismus an und zerstören damit die letzte Basis eines Gemeinschaftsgefühls, das in der Ausdifferenzierung noch möglich und für das Weiterbestehen notwendig ist. Wer den Wert der Gleichheit zu einer parteilichen Meinung degradiert, zerstört nicht die Vorherrschaft der weißen Menschen, sondern den politischen Raum, der für alle Identitäten ein Überleben ermöglicht. Der Universalismus der Rechte ist ein mühsam erkämpfter zivilisatorischer Standard, der gerade darum gilt, weil er unter Absehung von der individuellen Identität für alle gültig ist. Ihn zum Feind zu erklären und abschaffen zu wollen ist der größte Angriff auf die Grundlagen unserer Gesellschaften.

Rechte Wut will die Ausdifferenzierung der Gesellschaft rückgängig machen. Linke Wut will hingegen die Ausdifferenzierung auch auf das Fundament der Gleichheit anwenden. Beide wollen den Stand der gesellschaftlichen Entwicklung zurückdrehen. Die große Regression findet also nicht nur statt, wenn eine Wutkultur mit rückwärtsgewandten Begriffen arbeitet, sondern sie kann auch in der Methode selbst liegen. Linksidentitäre Wut betont, wie sehr ihr am Fortschritt gelegen ist. Doch mit Marx könnte man hier antworten: Ihr wisst es nicht, aber ihr tut es. Denn diese Methode hat objektiv negative Folgen. Sie produziert den Backlash von rechts, untergräbt den Universalismus und zerstört das Vertrauen in die Fairness der Kommunikation. Sie ist damit eine Variante von Wutkultur, deren Wirkung vor allem darin besteht, andere wütend zu machen.

Wenn man noch einmal von der aristotelischen Definition ausgeht, dass diejenigen Zorn empfinden, deren Leiden keine Beachtung findet, so ist der Ausgangsimpuls rechter wie linker Wutkultur verständlich. Umso unverständlicher ist es hingegen, dass vor allem die linke Wutkultur die Gedanken der nachfolgenden Sätze bei Aristoteles ignoriert. „Die Menschen aber, über die man zürnt, sind solche, die über uns lachen, uns verhöhnen und uns verspotten; denn so zeigen sie ein übermütiges Verhalten. […] Ferner zürnen wir denen, welche übel und verächtlich über etwas, dem wir selbst einen besonders großen Wert beilegen, sprechen.“[24]

Hier ist beschrieben, wie der Hochmut der einen Seite zwangsläufig zur Wut auf der unterlegenen Seite führen muss. Insofern sind die Ratschläge, die aus der „critical whiteness“-Richtung erfolgen und in dem Buch von Robin DiAngelo populär aufbereitet wurden, Bestandteil einer Wutkultur, die Wütende produziert. Wer aufgrund seiner weißen Hautfarbe auf die negative Seite der doppelten Standards verbannt wird, kann es nur noch falsch machen. Seine Gefühle werden als „white fragility“ verhöhnt und die Bitte um einen respektvollen Ton als „tone policing“ diffamiert.

Eine solche Ungleichbehandlung scheint nur noch ein Ziel zu verfolgen: Sie verlangt die Unterwerfung unter ihre Regeln. Wenn jeder Einwand als Beweis für Rassismus bewertet wird, bleiben nur noch das Schweigen und die Unterordnung. Oder aber die Menschen werden wütend, weil sie sich in eine ohnmächtige Lage gedrängt sehen. Dass dieser Kampf nur Verlierer produziert, ist seit dem wachsenden Zuspruch für die rechte Identitätspolitik nicht mehr zu übersehen. Insofern stellt sich abschließend die Frage, warum linksidentitäre Wutpolitik immer vehementer auf ihren doppelten Standards beharrt.

Die Antwort könnte einfacher sein als vermutet. Die Methode linker Identitätspolitik ist so entwickelt, dass rechte Identitätspolitik ihr nutzt. Je mehr Wütende versuchen, gegen ihre Forderungen aufzubegehren, desto stärker fühlen sich die linken Identitätspolitiker bestätigt. So wird die Gesellschaft in einen Kampfmodus versetzt, in dem es nur noch Freunde und Feinde gibt. Und wie in jedem Kampf sind Angriffe kein Grund, die eigene Position in Frage zu stellen, sondern führen zu noch mehr Anstrengungen bei der Bekämpfung des Feindes.

Die regressiven Wutkulturen von links wie von rechts bekämpfen den mühsam erreichten Standard eines rechtlichen Universalismus. Die Akzeptanz dafür, dass für alle Menschen die gleichen Rechte gelten und in einer Öffentlichkeit nicht die lauteste oder wütendste Stimme zählt, ist kein natürlicher Zustand, sondern muss immer wieder neu erlernt werden. Je öfter aber die Wütenden ein besonderes Recht für sich erlangen, desto brüchiger wird das Vertrauen in die Zivilisation des zwanglosen Zwangs des besseren Arguments.

Die Wutkulturen unserer Zeit sind den Anforderungen einer komplexen Gesellschaft nicht gewachsen. Dennoch wächst ihre Macht unablässig. Die Ursachen liegen in den Verwerfungen, die der enthemmte Kapitalismus für jeden Einzelnen bereithält. Wer auf der materiellen Ebene seines Lebens permanent verunsichert wird, der verliert das Vertrauen, dass das Gesamt der sozialen Zusammenhänge im Notfall funktionieren wird. So schreitet die allgemeine Regression immer weiter fort und führt zu den Effekten, die den Rückschritt weiter verstärken. Je mehr Wut entsteht, desto mehr wird erwartet, dass nur noch mit Wut Aufmerksamkeit zu bekommen ist. Und je öfter die Wütenden gehört werden, desto mehr werden dadurch alle anderen auch wütend. Diese Steigerungsspirale erhält in den sozialen Netzwerken, die alle exaltierten Gefühle mit Aufmerksamkeit belohnen, ihre toxische Drehung.

Die Wutkulturen unserer Zeit haben die zweite Hälfte ihres Auftrags vergessen. Sie sind zu Methoden geworden, die die Wut anstacheln und die ihre Gegner mit Absicht wütend machen. Sie haben dabei verlernt, dass die entfachte Wut auch wieder eingefangen werden muss. Diese undankbare Aufgabe übernimmt im Moment die nüchterne Rationalität der Systeme und der Menschen, die in ihnen ihre Pflicht tun. Die Polizisten, die sich anschreien und bespucken lassen müssen und dennoch nicht wütend werden dürfen. Die Fahrer der Notarztwagen, die wütende Autofahrer umkurven müssen, um an der Unfallstelle wieder die rettenden Helfer in der Not zu sein. Die Lehrer, die sich beleidigen lassen müssen und dennoch ihren Auftrag, Bildung und Werte zu vermitteln, treu erfüllen. Sie alle leisten gerade die Aufgabe der Wuteindämmung.

Doch der Respekt vor dieser Leistung schwindet im selben Maße, wie die Wütenden sich an ihrer Wut berauschen und dafür Beifall bekommen. In den sozialen Netzwerken ist im Sekundentakt zu beobachten, wie Menschen jede zivilisatorische Hemmung fallen lassen und Beleidigungen und Morddrohungen herausschreien. Eine Wutkultur, die nur noch Wut produziert, ohne sie auch wieder eindämmen zu können, verkommt zur Unkultur der Wütenden. Man nannte die Politik der entfesselten Wut einst Faschismus. Wäre dieser Begriff in den aktuellen Gemetzeln der Wütenden nicht bis zur Bedeutungslosigkeit verhunzt, wäre es an der Zeit, ihn neu in die Öffentlichkeit zu bringen. Dass der Faschismus, wenn er wiederkommt, nicht mit Hakenkreuzen und Fackelmärschen auftreten wird, ist eine historische Plattitüde. Dass er aber tatsächlich mit der Behauptung auftritt, er wäre der Antifaschismus, ist eine Pointe, die lange als überzogene Schwarzmalerei abgetan werden konnte. Komplexe Gesellschaften sterben nicht an dem einen dämonischen „Führer“, sondern an den Vielen, die für ihre eigene Wut das Gesamt der zivilisatorischen Standards verraten. Eine neue Wutkultur wäre darum nötiger denn je. Ihre überraschende Funktion könnte darin bestehen, Gelassenheit angesichts der omnipräsenten Wut zu üben.

Anmerkungen

1 Vgl. Aristoteles: *Rhetorik,* II. 2. 9: „Darum sind die Menschen im Leiden, in der Armut, der Liebesbegierde, als Dürstende, überhaupt in jedem Zustand des Verlangens nach etwas, ohne Befriedigung zu erlangen, zum Zürnen und zur Aufwallung bereit – vor allen Dingen denen gegenüber, die dem gegenwärtigen Zustand Geringschätzung entgegenbringen." (Übersetzt von Frank G. Sieveking.)

2 Von dieser Wutbestimmung geht Johannes F. Lehmann aus: *Im Abgrund der Wut. Zur Kultur- und Literaturgeschichte des Zorns,* Freiburg i. Br./Berlin/Wien 2012.

3 Vgl. René Girard: *Das Heilige und die Gewalt,* Frankfurt am Main 1992.

4 Die Geschichte der Misogynie reicht weit zurück. Mit Otto Weiningers *Geschlecht und Charakter* hat es schon Anfang des 20. Jahrhunderts eine Bibel gefunden. Die Texte der heutigen Incels gehen in ihrer Verachtung und ihren Rachefantasien weit darüber hinaus.

5 Slavoj Žižek brachte das in einem Witz auf den Punkt: Wann waren die Menschen jemals glücklich? In den 1970er Jahren in der Tschechoslowakei. Jeder hatte Arbeit, war sozial abgesichert und das Bier war günstig. Aber wenn etwas nicht funktionierte, war immer die Partei schuld.

6 Hierzu vom Autor: *Die Moralfalle. Für eine Befreiung linker Politik,* Berlin 2018.

7 Der Applaus für die Pflegekräfte während der Corona-Zeit war konkreter Ausdruck dieser zwei Seiten der Anerkennung. Die Kritik am Applaus und die Forderung nach höheren Löhnen war darum berechtigt.

8 Mit Klassismus werden die Diskriminierungen zusammengefasst, die aufgrund von Armut oder sozialer Benachteiligung entstehen.

9 Slavoj Žižek: *Ein Linker wagt sich aus der Deckung. Für einen neuen Kommunismus,* Berlin 2021, S. 20.

10 Der Roman *Identitti* von Mithu Sanyal, München 2021, führt unterhaltsam das Chaos vor, das im identitätspolitischen Lager entsteht, wenn eine Person nicht ihr Geschlecht, sondern ihre ethnische Zugehörigkeit verändern will. Transsexualität ist positiv konnotiert, Transrace hingegen tabuisiert. Ein weiteres Paradox der Identitätspolitik.

11 Götz Kubitschek: „Hygienefimmel und Thymosregulierung", in: ders.: *Die Spurbreite des schmalen Grats 2000 – 2016,* Schnellroda 2016, S. 145 f.

12 Ausführlich hierzu Ivan Krastev und Stephen Holmes: *Das Licht, das erlosch. Eine Abrechnung,* Berlin 2019.

13 Die gleiche Verblendung findet sich auf der Ebene der Europäischen Gemeinschaft. Jede Kritik an der EU wird als nationalistisch und reaktionär abgetan.

14 Hierzu vom Autor: „Das Recht der lautesten Empörung", *Cicero online,* 12. Juni 2020.

15 *Eure Heimat ist unser Albtraum,* hrsg. von Fatma Aydemir und Hengameh Yaghoobifarah, Berlin 2019, S. 96.

16 Ebenda, S. 36.

17 Robin DiAngelo: *Wir müssen über Rassismus sprechen. Was es bedeutet, in unserer Gesellschaft weiß zu sein,* Hamburg 2020 (1. Aufl. Boston 2018).

18 Die rassistische Komponente dieser bizarren Regel ist den Antirassisten noch nicht aufgefallen. Denn sie geht von einer Prämisse aus,

nach der die Opfer der Verhältnisse zugleich auch Opfer ihrer eigenen Emotionen sind.

19 Wie eingeübt diese Machtkommunikation inzwischen ist, zeigte jüngst der Schlagabtausch zwischen Luisa Neubauer und Armin Laschet in der Talkshow von Anne Will. Neubauer warf Laschet vor, er dulde das „antisemitische“ Parteimitglied Hans-Georg Maaßen weiterhin in der CDU. Auf die Rückfrage, ob Neubauer diese schwere Beschuldigung belegen könne, antwortete sie, es sei nicht ihre Aufgabe, sondern die des Parteivorsitzenden, das zu wissen (Sendung vom 9. Mai 2021).

20 Cornelia Koppetsch: *Rechtspopulismus als Protest. Die gefährdete Mitte in der globalen Moderne,* Hamburg 2020.

21 DiAngelo (2020), a.a.O., S. 181 f.

22 Siehe den Leitfaden, den das Land Berlin 2020 herausgegeben hat: „Vielfalt zum Ausdruck bringen. Ein Leitfaden für Mitarbeitende der Berliner Verwaltung“.

23 Baltasar Gracián: *Handorakel und Kunst der Weltklugheit.*

24 Aristoteles: Rhetorik, II. 2. 12/13.

Biografie

Bernd Stegemann studierte Philosophie und Germanistik an der FU Berlin und der Universität Hamburg sowie Schauspieltheater-Regie an der Hamburger Theaterakademie. Er promovierte 1999 mit einer „Systemtheoretischen Dramaturgie“ und arbeitet seitdem als Dramaturg und Chefdramaturg am Frankfurter TAT, am Deutschen Theater Berlin, an der Schaubühne am Lehniner Platz und am Berliner Ensemble. Seit 2005 ist er Professor für Theatergeschichte und Dramaturgie an der Hochschule für Schauspielkunst Ernst Busch.

Er hat zahlreiche Bücher zur Kunst des Theaters und zur Dramaturgie des öffentlichen Sprechens verfasst, darunter „Kritik des Theaters“, „Lob des Realismus“, „Das Gespenst des Populismus“, „Die Moralfalle“ und zuletzt „Die Öffentlichkeit und ihre Feinde“, sowie zahlreiche Artikel in DIE ZEIT, FAZ, WELT und Cicero publiziert.

Wendungen

Bernd Stegemann
Wutkultur

Verlag Theater der Zeit
Verlagsleiter Harald Müller
Winsstraße 72 | 10405 Berlin | Germany
www.theaterderzeit.de

Lektorat: Nicole Gronemeyer
Gestaltung: Hannes Aechter
Umschlagillustration: Nadezhda – stock.adobe.com
Druck und Bindung: druckhaus köthen

Printed in Germany

ISBN 978-3-95749-341-5 (Hardcover)
ISBN 978-3-95749-383-5 (ePDF)
ISBN 978-3-95749-384-2 (EPUB)